武当秘功八段锦

高 翔 主编

北京体育大学出版社

策划编辑：苏丽敏　吴海燕
责任编辑：秦德斌
责任校对：吴海燕
版式设计：万达腾飞

图书在版编目（CIP）数据

武当秘功八段锦 / 高翔主编. -- 2版. -- 北京：北京体育大学出版社, 2016.5（2024.8重印）
ISBN 978-7-5644-2266-0

Ⅰ. ①武… Ⅱ. ①高… Ⅲ. ①八段锦－基本知识 Ⅳ. ①G852.9

中国版本图书馆CIP数据核字(2016)第105299号

武当秘功八段锦　　高翔　主编

出版发行：北京体育大学出版社
地　　址：北京市海淀区农大南路1号院2号楼2层办公B-212
邮　　编：100084
网　　址：http：//cbs.bsu.edu.cn
发 行 部：010-62989320
邮 购 部：北京体育大学出版社读者服务部 010-62989432
印　　刷：北京昌联印刷有限公司
开　　本：710mm × 1000mm　1/16
成品尺寸：170mm × 240mm
印　　张：13
字　　数：229千字
版　　次：2011年9月第1版　2016年7月第2版
印　　次：2024年8月第4次印刷
定　　价：35.00元

编委会

前 言

“贵养、尚气、法柔”，武当八段锦注重温养，以养积健，以意行气，以气运身；动作柔和，劲力内敛；练法简绝，功效持久；独具内家风采，堪称武当精功。

本著共辑录武当八段锦八大秘功。

一、内家通臂八段锦

此功出自内家通臂门曹潇咸大师，势开、架大，以柔见长，柔中寓刚。武功上既可作为练武入门抻筋拔骨之用，又可用来增强人体手臂及周身柔韧力、灵巧劲；养生上可以活泼周身血气，散瘀祛滞，防病消病，益寿延年。

二、鹤门仙功八段锦

此功源自武当内家鹤仙门，乃鹤仙门中和功之一种，是不可多得的八段锦珍品。练之可以舒经活络，灵通血气，柔韧筋骨，坚壮体质。

三、丹家道功八段锦

“此锦秘传，习之可令百疾除，筋节通灵”，乃道家丹士配合静功修炼的一种动功秘法。练之强筋壮骨，不但有益养生，而且可以增益武功，使人身体柔韧灵活，手脚健实有力。

四、先天乾坤八段锦

此功由武当内家先天乾坤门万天玄大师传出，诀曰：“八段锦，先天真。刚柔济，自然神。气力足，心意欣。寿百年，值千金。非同道，不予人。常修习，入仙门。”

五、妙真小架八段锦

此功来自武当妙真派，亦叫奇门架八段锦。架势小巧，动作简绝，变化细腻，练法独特，功效奇妙。

六、南派岳家八段锦

此功注重内功，以内为主，内外兼修，外形配合心意与内气，追求“一劲混元”。勤加练习，则气沉丹田，内劲充沛，效于养生则脏腑康健，精力旺盛，百疾难侵；效于武功则筋骨坚实，手脚强劲，如再加硬功，即可抵御外力，且能断石开砖。

七、八仙正宗八段锦

此功隶属武当名宗八仙门，以八仙练形对应八段练法，功效全面，动作独特，妙趣横生，是不可多得之内家真传。

八、道家丹床八段锦

此功源自道家内丹术，是武当山道观内秘传的一套修炼功夫。内外兼修，动静结合，不但可以修心养性，防疾祛病，延年益寿，而且可以培元益气，搬运周天，增强内劲。

目录

第一章　内家通臂八段锦

第二章　鹤门仙功八段锦

第三章 丹家道功八段锦

第四章 先天乾坤八段锦

第五章 妙真小架八段锦

第六章　南派岳家八段锦

第七章　八仙正宗八段锦

第八章　道家丹床八段锦

第一章　内家通臂八段锦

“佑神通臂最为高”，通臂拳自古就是武当名门。惜内家通臂拳日渐式微，精通者已寥若晨星。

本通臂八段锦，出自曹潇咸大师，是曹氏通臂门里的一种不错的功夫。武当曹氏内家通臂拳，乃曹家历代秘传，体系完整，武技独特，注重内功内劲。其总诀曰：“修炼内家先天劲，妙手连环变无端。放长击远舒猿臂，打遍江湖上蒲团。”

本功势开、架大，以柔见长，柔中寓刚，是一套武术与养生并重的好功法。从武功上讲，　既可以作为练武入门抻筋拔骨之用，又可用来增强人体手臂及周身的柔韧力、灵巧劲。从养生上讲，可以活泼周身血气，散瘀祛滞，防病消病，益寿延年。

练习本功时，以求取“内家先天劲”为要，宜随自然之势，即不要刻意调息，不用后天拙力，不能猛使暴劲。应先由轻虚而渐渐至于重实，先由柔软而渐渐至于刚强，自然而然，这是内家功夫的秘窍所在。

总　诀

白猿献桃手翻天，盘马弯弓射向前。

通臂起落开乾坤，连拳撩腿势浑元。

狸猫捕鼠敛阴阳，躬身作揖拜师仙。

双目炯起拳攒紧，百疾化尘踮又踮。

第一段　白猿献桃手翻天

歌诀

叉指胸前开练起，斜向推按翻举臂。

提跟仰面上托劲，舒理三焦下顺气。

练法

1．正身直立，两臂自然下垂体侧，指尖向下，掌心向里，二目平视，气沉丹田。（图 1-1）

2．两手握拳收抱于腰间，拳心向上，拳面向前。（图 1-2）

3．两手伸掌上移至胸前，十指交叉，掌心向内。（图 1-3）

图1-1

图1-2

图1-3

4．手腕外翻，先使掌心向下，继向前按，然后伸臂。至两臂伸直时，向头顶正上移举，掌心向上，仰面，目视掌背，同时，两足跟提离地面，以脚前掌作支撑，静立片刻。（图 1-4、图 1-5）

图1-4

图1-5

5. 足跟落地，同时，两掌左右分开、展臂，然后缓缓下落收至腰际抱拳，拳心向上，二目平视。（图 1-6、图 1-7）

按上述动作反复练习数遍，即可进入第二段。

图1-6

图1-7

要点

1. 整个动作过程要缓慢、连贯进行。

2. 上举臂时，要尽量向上引体，把身体舒展开。

3. 足跟下落时要有弹性，使整个身体有震荡的感觉。

4. 特别提醒：练习曹氏八段锦时，呼吸要顺其自然，该呼即呼，该吸即吸，该长即长，该短即短，方为真息。此乃内家秘诀，看似简单，暗合先天大道，望请练者遵守！一旦反之，刻意调息或拘执、强抑、憋气，练之难出真功，并且易出偏差，不可不辨。

功用

1. 此段的两手交叉上托，抻拔腰背，提拉胸腹，可以使全身上下的气机流通、顺畅，所谓“开胸顺气，极利保健”。

2. 理顺三焦，从而周身都得到元气和津液的滋养。整体提高骨骼、肌肉、消化、生殖、泌尿、排泄、循环、呼吸系统的生理作用。

第二段　盘马弯弓射向前

歌诀

举拳提膝落仆步，弓步打拳向前冲。

一拳绕顶扣箭弦，一手剑指似开弓。

练法

1. 正身直立，两臂自然垂于体侧，二目平视。（图 1-8）

2. 两掌自身体两侧向头顶上方举臂相交，右腕桡骨侧贴于左腕尺骨侧，随之屈指握成拳，同时，重心落于右脚，左腿屈膝上提，成为独立步，仰面，注视两拳。（图 1-9）

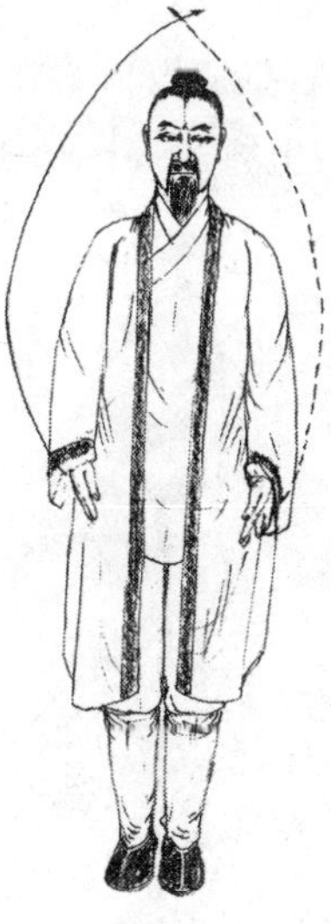

图1-8

图1-9

3. 重心下落，右腿屈膝全蹲，左腿落地向左侧滑出铺平，成左仆步，同时，右拳收落抱于右腰侧，拳心向上，左拳下落过右膝外侧、沿左腿向左脚方向探伸，至左脚背，拳心向上，目视左手。（图 1-10）

4. 身体缓缓起立，并向左拥，左拳变掌，自下向左侧上举臂架起，掌心向上，掌指向右，同时，左腿屈膝前蹲，右腿挺膝蹬直，成左弓步；右拳抱腰不变，目视左掌。（图 1-11）

图1-10

图1-11

5. 随之右拳从腰间直冲而出，拳与臂平，向前探膀，拳眼向上，拳心向里，目视右拳。（图 1-12）

6. 身体右转，两腿屈膝半蹲成马步，同时，右拳屈臂向右上方架臂，拳心斜向上，左拳收抱于左腰侧，拳心向上，目视右上方。（图 1-13）

图1-12

图1-13

7. 右拳向左侧下压，至左肩前，沿胸前屈臂右拉，至右肩前时拳心对肩，拳眼向上，同时，左拳提至左胸前，变剑指向左侧方伸出，虎口向上。头面左转，目视左手，两手尤如拉弓射箭般用力。（图 1-14）

8. 身体重心左移，上举两臂，交叉于头顶上方，右腕贴于左腕侧，同时，右腿屈膝提起，仰面，目视双拳。（图 1-15）

9. 以上为左势。接着练习右势，动作与左势同，唯方向相反。

左右交替而行，做几遍后即行收势。

10. 正身直立，两手臂自然下垂体侧。（图 1-16）

图1-14

图1-15

图1-16

要点

1. 整段动作要连贯，不可丢断；重心支撑要稳固，不可摇晃。

2. 左右拉弓时，用剑指为准心拉弓，直至把胸膛扩开，以意领气。

功用

1. 此段的展胸扩臂，可以抒发胸气，消除胸闷，疏理肝气，治疗胁痛，同时还可消除肩背部的酸痛不适。

2. 长期练习，可以增加肺活量，充分吸氧，增强体质，精力充沛。

第三段　通臂起落开乾坤

歌　诀

右手上举掌托天，躬身下按在脚前。

挽指握拳收提回，左右交替力莫闲。

练法

1. 两手握拳，屈肘抱于两腰间，拳心向上，头向左转，目视左方。（图 1-17）

2. 右拳伸指成掌，沿体中线（过面部）向上缓缓直臂伸举，至臂直后转腕，成掌心向上，指尖向左，犹如托举一物，同时，目随手走，仰面，目视右掌。（图 1-18 ～图 1-20）

图1-17

图1-18

图1-19

图1-20

3. 身体缓缓向前下俯，右掌直臂尽力向前探膀至两脚尖前地面，两膝挺直。右掌按于地面后向外旋腕，挽指成拳，用力收提于右腰间，同时，立起上身，二目平视。（图 1-21 ～图 1-23）

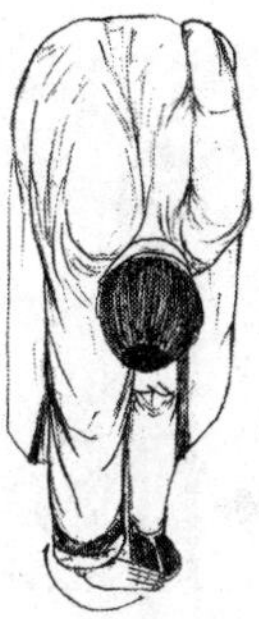
图1-21

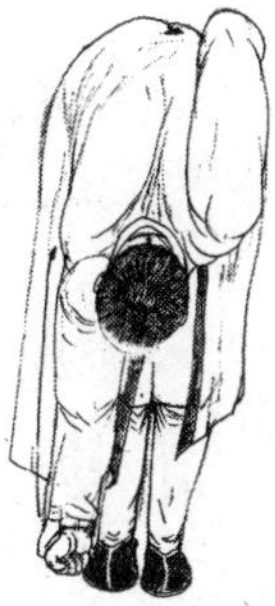
图1-22

图1-23

4. 做左手的单举动作，方法与右手相同，唯方向相反。

5. 右拳变掌，沿体中线上伸，至臂直时转腕翻成掌心向上，并向上托举，目随掌走，注视右掌背。（图 1-24、图 1-25）

6. 右掌向左侧方缓缓按下，一直按至左脚外侧，掌指尖向左脚跟，两膝挺直，目注右掌背。（图 1-26）

图1-24

图1-25

图1-26

7. 右掌贴着地面转掌，至右脚外侧，掌指尖向右脚跟。接着，挽指握拳，拳心向上，收提右拳，抱于右腰间，同时，立起身体，二目平视。（图 1-27 ～图 1-29）

8. 接着做左手，方法与右手相同，唯方向相反。

按上述动作做几遍后，即可收势。

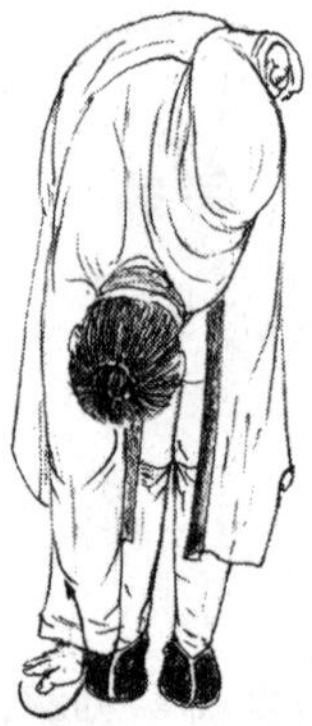
图1-27

图1-28

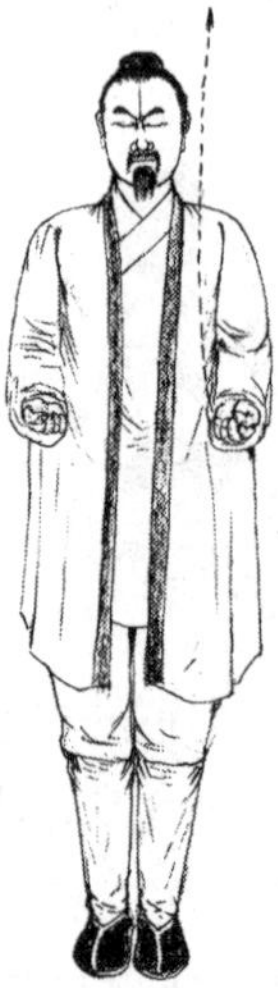
图1-29

要点

1. 动作一定要舒缓、连贯。

2. 上举臂时，要尽量向上引体，使身体舒展；向下俯腰时，两腿膝要伸直，不可弯曲；下按地时，手掌尽量按着地面，脚十趾抓地扣紧，呼吸均匀。

功用

1. 此段的上托下撑，能够牵拉腹腔，对脾、胃、肝、胆起到很好的按摩作用，并辅助它们调节气机，有助于消化吸收。

2. 此段最能灵活手臂诸节。从武功上讲，是曹氏通臂拳重要的柔软功夫。

第四段　连拳撩腿势浑元

歌　诀

左弓右拳绕一周，转身左掌右拳出。

左脚后撩身右转，扭头后瞧脚跟部。

练法

1. 正身直立，两臂自然下垂体侧，二目平视。（图 1-30）

2. 右脚向右侧滑移一步，右膝挺直，上体左转，左腿屈膝前蹲，成左弓步，同时，左手握拳收抱于腰际，右掌成拳，自右膝侧向左膝前方，经左上绕弧一周，收于右腰间。然后，右转体成右弓步，左拳变掌，随右转体，经头顶上方，向右侧前方划推，掌心向前，掌指向右，虎口向下，目视左掌。（图 1-31、图 1-32）

图1-30

图1-31

3. 左掌向右腋下收，掌心向右，指尖贴于右腋前，同时，右拳向前方穿出，拳心向上，目视右拳。（图 1-33）

图1-32

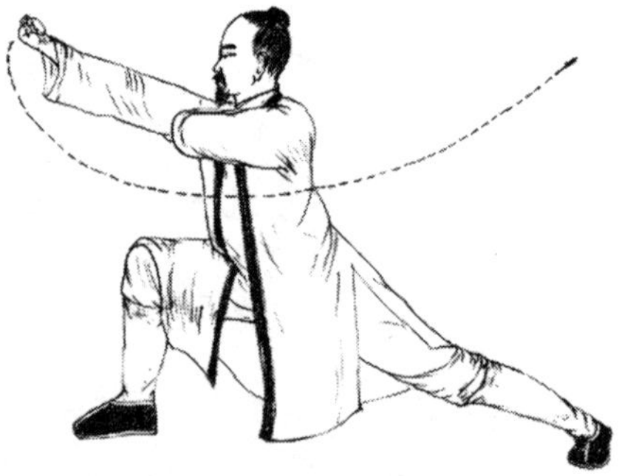

图1-33

4. 上体左转，右拳向左侧上方平行横扫。右拳与头平时，右腿支撑身体，上体迅速右转，左腿向后上举，与回扫之右拳相触，同时，左拳向左前方上举，拳心向上，头右转，望向左脚底。（图 1-34、图 1-35）

图1-34

图1-35

5. 左脚向左侧收落，伸膝蹬直，上体右俯，右膝屈蹲，成右弓步，同时，左拳弧形抄至右膝前下方，拳背向前，目视左拳，右拳收抱右腰间。（图 1-36）

6. 接着做向左后瞧的动作，方法与向右后瞧相同，唯方向相反。

7. 按上述动作反复练习几遍后，即可收势成并步抱拳。（图 1-37）

图1－36

图1－37

要点

连续性地旋转划臂动作要顺畅，动作连贯自然，平衡动作支撑腿要稳，后撩腿与扭腰转头配合一致。

功用

此段的扭腰、撩腿、转头一系列动作，不但练习人体的平衡力，同时可调整大脑与脏腑联络的交通要道——颈椎（中医称天柱）。挺胸练习，刺激了胸腺，从而改善大脑对脏腑的调节能力，促进自身的良性调整，提高免疫力，消除亚健康，获得好身体。

第五段　狸猫捕鼠敛阴阳

歌　诀

左脚上步右撩勾，翻转上身臂绕弧。

两手成钩置后上，俯身昂头左仆步。

练法

1. 两手握拳，拳心向上，屈肘抱于两腰间，头向左转，目视左侧方。（图1-38）

2. 左脚向左侧上步，身体左转，左腿屈膝半蹲，右腿挺膝蹬直，成左弓步，同时，右拳变勾手直臂（经膝部）向前撩击，高与腹平，指尖向下，左手成掌护于右肘内侧，掌指向上，目视前方。（图1-39）

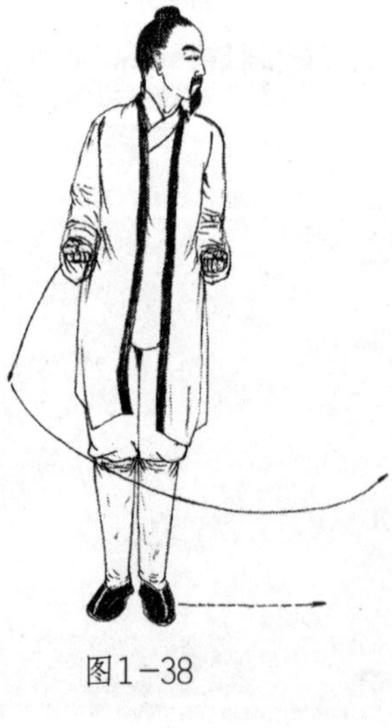

图1-38

图1-39

3. 右勾向上举划向右侧后方，同时，上体后仰，抬头，重心右移，成右弓步，左掌随之向上举臂向右侧、经右腿前、过左膝向左后绕弧成勾手。随着左手的划动，右膝全蹲，左腿伸直铺平，成左仆步，同时，两勾手向后反臂上举，指尖向上，俯身昂首，目视左方。（图 1-40、图 1-41）

图1-40

图1-41

4. 身体重心左移，右腿蹬地，向左拥身，左膝蹲立，成半马步状，同时，两勾手稍向下落，头向左侧上伸，带动胸部向上移动。（图 1-42）

5. 至上体即将移正时，右勾手先动，左勾手随之，绕体画弧一周，头部跟着运动，再成左仆步反勾手势。（图 1-43）

图1-42

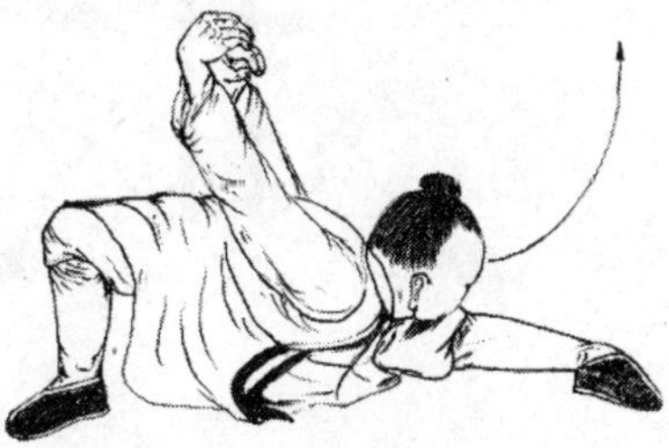

图1-43

6. 身体重心左移，右腿挺膝蹬直，左腿屈膝前蹲，成左弓步，两勾手稍向下落，胸向前挺，抬头正身，目视左方。（图 1-44）

7. 上为左势。接下来开始做右势，右势与左势相同，唯方向相反。

按上述动作左右轮番练习几遍后，即可收势。

图1-44

8. 左脚内收，上体左转，并裆正立，同时，左右勾手成掌，斜伸于体两侧。继向腹前交叉画弧、上举过头顶分展、下落收拳抱于腰间，拳心向上，头左转，目视左侧。（图 1-45、图 1-46）

图1-45

图1-46

要点

1. 弓步、仆步幅度要大，先缓慢练习，当身体协调后可加速练习。头部的转动与臂部的转动成一循环转动。

2. 运动时，动作要柔韧、连贯、自然，不可有丝毫的僵滞。

功用

1. 此段的俯身旋转动作，很逍遥自在，并延长呼吸时间，可消除交感神经的兴奋，具有降服“心火”的作用。

2. 对腰、颈关节、韧带和肌肉等亦起到一定的作用，并有助于任、督、冲三脉的运行。

第六段　躬身作揖拜师仙

歌　诀

叉指躬身按地面，抱腿叠合把筋锻。

练至轻松面贴胫，举臂抱拳势还原。

练法

1. 正身直立，两臂自然下垂体侧，二目平视。（图 1-47）

2. 双手向胸前叉指，掌心向内。随之翻转双掌，使掌心向前，用力向前推掌，双臂伸直，上体缓缓前俯大约 90 度，目视双掌。（图 1-48、图 1-49）

图1-47

图1-48

图1-49

3. 躬身下俯，双腿挺膝，双手下按于双脚尖前方地面，掌心着地，目视两掌。（图 1-50）

4. 两手分开，向外向后绕于两腿外后侧，抱住两小腿后侧，前胸紧贴双腿，面向小腿前胫贴靠，略停片刻。（图 1-51）

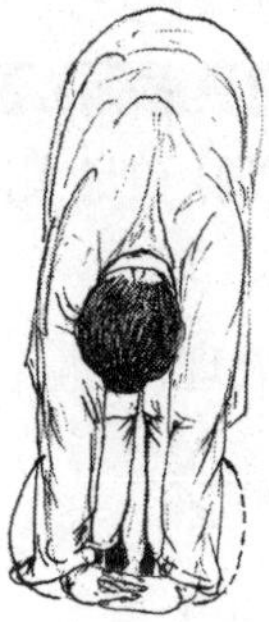

图1-50

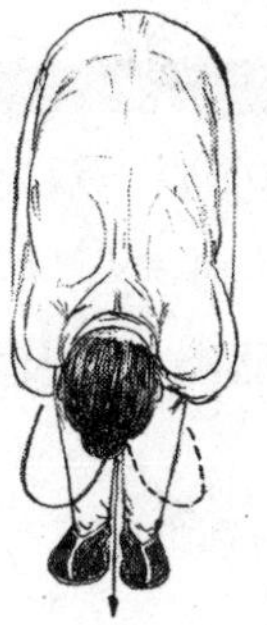

图1-51

5. 两手松开，前绕至前胫成叉指掌，并下按贴于地面。（图 1-52）

6 抬立上体，同时，双掌向头顶上方托举，直至臂直，两膝挺立，手心向上。（图 1-53）

7. 松开十指，向左右分开下落，抱拳收于腰间，拳心向上，头左转，目视左侧方。（图 1-54）

上述动作为一遍，反复练习几遍。

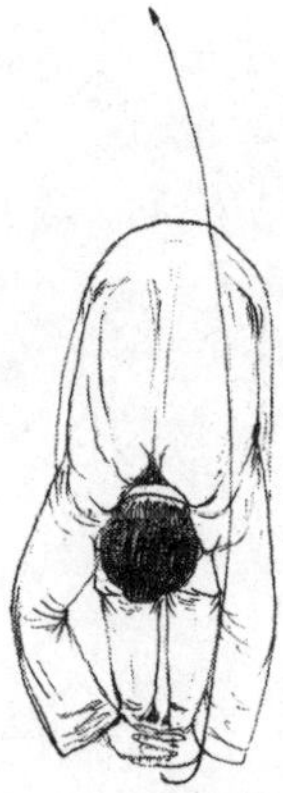

图1-52

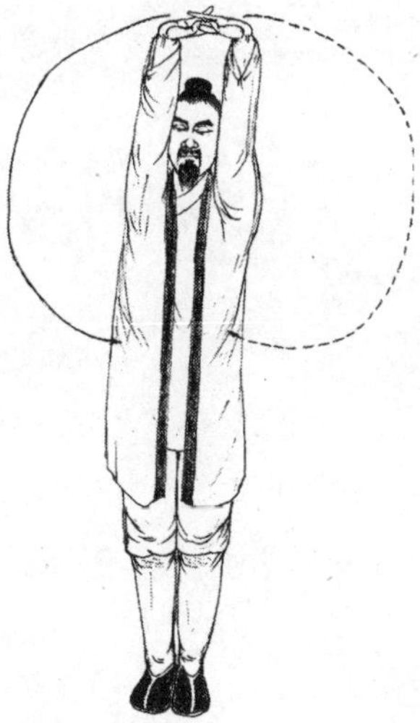

图1-53

图1-54

要点

1. 两手随上体缓缓下弯腰时，两手尽量触到脚背及地面，两膝不得弯曲。身体不得摇晃。

2. 动作要徐缓、连贯，不可过急。

功用

1. 上体的前屈，双臂的托举拔抻，使人体的督脉和足太阳膀胱经得到拉抻、牵扯，活泼血气。

2. 对腰背肌肉，以及生殖系统、泌尿系统亦有调理作用。

第七段　双目炯起拳攒紧

歌　诀

弓马开势桩步变，插后翻划横胸前。

瞪眼炯目攒拳紧，久练拳劲能开山。

练法

1. 正身直立，两臂自然下垂体侧，二目平视。（图 1-55）

2. 两掌握拳，屈肘抱于两腰间，拳心向上，头左转，目视左方。（图 1-56）

图1-55

图1-56

3. 左脚向左侧横跨一步，沉身下坐，成马步，随即左转成左弓步，同时，右拳变掌，直臂向左前插出，掌心向上，掌尖向前，目视右掌。（图1-57、图1-58）

图1-57

图1-58

4. 身体右转，两腿屈膝半蹲，成马步桩，同时，右掌经胸前向右横摆于右胸前方，并向前撑，使臂撑圆，掌心向前，虎口向下，掌指向左，高与肩平，瞪眼炯目，注视右掌。（图 1-59）

5. 右手以腕为轴，向外、向下、向里、向上旋腕，并用力屈指叼抓握拳，拳面斜向上，拳心斜向里，瞪目注视右拳。（图 1-60）

图1-59

图1-60

6. 收回右拳，抱于腰间。（图 1-61）

7. 以上为左势。接着练右势，右势与左势相同，唯方向相反。

8. 左脚向右脚内侧收步而立，同时，两手上举于头顶交臂，分开，下落于体侧，自然垂臂，掌指向下，掌心贴于两大腿外侧，二目平视。（图 1-62）

图1-61

图1-62

要点

1. 弓步变马步的左右练习，要缓缓进行，练习日久，自能流畅自如。

2. 叼攒拳时，要有攒千斤之力回拉到腰间的意念，更有增劲妙用。

功用

1. 增加腿部力量，以及双手的叼拿、攒拳之劲力。

2. 炯目瞪眼，可刺激肝经系统，使肝血充盈，肝气疏泄，强健筋骨。

第八段　百疾化尘踮又踮

歌　诀

两脚开步与肩宽，提跟探身掌推前。

合掌拍击猛收抱，落跟坐马多操练。

练法

1. 正身直立，两手握拳抱于腰间，拳心向上，二目平视。（图 1-63）

2. 左脚向左侧摆跨一步，两脚距离与肩同宽。随之，两拳成掌向正前方缓缓推出，掌心向前，掌指向上，宽与肩平，同时，两足跟缓缓提离地面，膝部挺直，上体随掌前推而前俯身，约有 90 度时停住。（图 1-64）

图1-63

图1-64

3. 两掌猛地内合拍击。（图 1-65）

4. 上体猛然后坐，足跟落地震抖，成马步桩势，同时，两掌左右分开、挽臂成拳抱向腰间。（图 1-66）

按上述动作反复练习，次数自定。

5. 收拢左脚，身体立起，同时，双拳变掌，轻松放于体侧，调匀气息。（图 1-67）

图1-65

图1-66

图1-67

要点

1. 提跟探身推掌时，要注意身体重心的平衡。前探时，臀部要有沉坐之劲，不然，在推掌的牵引下易于前扑。

2. 落脚跟与收抱拳、坐马步要同时进行。

功用

俗话说：“百步走不如抖一抖。”此势的提跟落跟、上身的前探后坐、模仿猿之踮足（踮足是曹氏通臂拳之特色），来抖动全身，十分舒服，不仅有利于消除百病，也正为全功之收功。

第二章　鹤门仙功八段锦

武当内家鹤仙门，是内丹派南宗秘传的一门修炼术，外所罕见。此门追求“练鹤成仙”，注重养生，令人无疾，使人长寿；提倡积健为雄，兼顾武功。其内功有童子功、育丹功、周天功；外功有柔和功、中和功；武功有鹤形劲。

鹤门仙功八段锦，不可多得的八段锦珍品，乃鹤仙门“中和功”之一种。中和功在鹤仙门里，是其内功的辅功，是其武功的底功，承上启下，非常重要。中和功大都是动功，各有偏重，如“八段锦”“鹤形步”“刚柔鹤”等，练之可以舒经活络，灵通血气，柔韧筋骨，坚壮体质。

总　诀

交手举天调三焦，扩膀展翅走两招。

单臂伸托后天运，顾盼生姿除积劳。

龙虎交媾水火济，龙盘虎踞鼎炉调。

仙眼开光亮拳劲，鹤功抖擞百疾消。

预 备 势

歌 诀

两足八字分开站，稳定间距同肩宽。

头正身直腰腹松，两膝微屈对足尖。

双臂松沉掌下按，手指伸直要自然。

凝神调息垂双目，静调呼吸守丹田。

练法

立正站立，全身放松，两脚分开，与肩同宽，脚尖自然外分，两手于腹前结子午诀，垂帘静神，调匀呼吸。（图 2-1）

图2-1

【注】：道家功法中的“子午诀”，全称“子午八卦连环诀”。即左手拇指弯曲掐在中指最上端（午位），右手拇指从左拇指、中指圈中插入无名指根部（子位），右中指在外相对掐住，双手相抱。

第一段　交手举天调三焦

歌　诀

十指交叉小腹前，翻掌向上意举天。

左右转动上伸臂，双手捧抱势还原。

势随气走须缓慢，一呼一吸一周旋。

呼气尽时停片刻，随气而成要自然。

练法

1. 双手十指交叉，沿腹上提，至胸前时外翻转腕，使掌心向前，再缓缓举臂至额，掌心向上，两臂伸直用力向上举起，仰面，目视掌指背。（图2-2～图2-4）

图2-2

图2-3

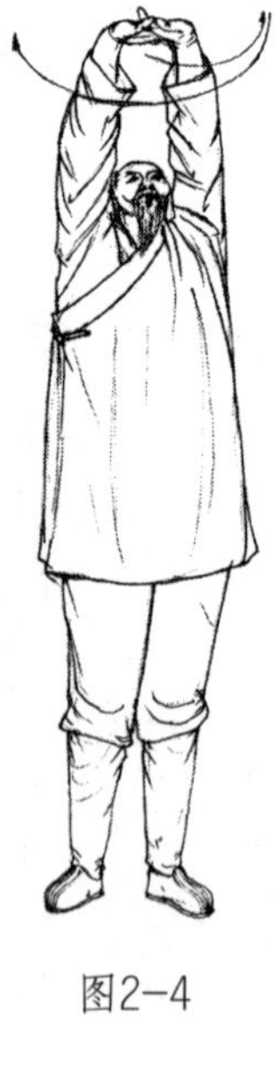

图2-4

2. 举臂姿势不变，上体向左转动，二目先看左前方，继而上视。接着，上身向右转动。（图 2-5）

3. 还原成正面上举势。（图 2-6）

左右来回地连续转动几遍。

图2-5

图2-6

4. 松开手指，两掌向左右分展、下落，至与肩平时，手心向前，虎口向上，指尖向外。（图 2-7、图 2-8）

图2-7

图2-8

5. 两手掌指微屈，两臂以合抱状向胸前收抱，掌心、掌指相对，高与肩平，虎口向上。（图 2-9 ～图 2-11）

6. 两掌相近时，翻转使掌心向下，沿体前缓缓按至小腹前，两手结成子午诀。（图 2-12）

图2-9

图2-10

图2-11

图2-12

要点

1. 两手上举时，掌根要用力上顶，腰背要充分伸展。

2. 转动时动作要柔缓，配合自然呼吸。两膝用力伸直内夹，可以加强身体平衡。

3. 以动作引导呼吸，不要强意识地去做某一种呼吸方法，顺应自然最好。

功用

1. 三焦主持诸气，总司人体气化。吸气时，两手上举，充分拔抻身体，拉展胸腹，使胸腔和腹腔容积增大，头部后仰，更加扩张了胸部，具有升发气机、疏理三焦的作用。呼气时，两手分开从体侧徐徐落下，有利于气机的下降。一升一降，气机灵通。

2. 对脊柱和腰背肌肉群也有良好的作用，有助于矫正两肩内收和圆背、驼背等不良姿势。

第二段　扩膀展翅走两招

歌　诀

开马蹲裆要稳健，右手扣弦左肩前。

左推右拉似射箭，左手指尖朝向天。

势随腰转换右势，左指扣弦于右肩。

右推左拉眼观指，收回双掌抱丹田。

练法

1. 预备势，两手成子午诀站立。然后，两掌五指伸开，右掌心贴住左掌背，掌心向上，缓缓上托，至胸前时，两掌以肘为支点向两肩侧分开，掌高略低于肩，掌心向上，掌指向外，肘贴肋部。（图 2-13 ～图 2-15）

图2-13

图2-14

图2-15

2. 两掌缓缓向左右侧平肩伸出，掌指尖向外，掌心向上。（图 2-16）

3. 上体姿势不变，左脚缓缓收膝提起，并向左侧方摆腿、下落脚跟，脚尖跷起，右膝稍屈。（图 2-17、图 2-18）

图2-16

图2-17

4. 上体左转，左脚掌落地踏实，右掌转腕向左侧方画弧，至左肩前时，拇指按住食指尖，屈指相扣，其余三指屈握于掌中，成凤眼捶状，虎口向上，手心对肩。同时，左手竖腕立指，掌心斜向前，掌指向上，虎口对面，指尖高与鼻平，目视左中指尖，身体随动，下盘变成马步桩。（图 2-19）

图2-18

图2-19

5. 右拳向右侧拉，左手立掌向左前缓缓推出。右拳拉至右肩腋前，与肩距约两拳，虎口向上，意如拉紧弓弦，开弓如满月，左手立掌，左臂抻直，目视左侧前方，视线通过左手食指凝视远方，意如弓箭在手，待机而射。（图2-20）

6. 稍作停顿，缓缓将气呼出，同时，右拳伸指成掌，掌心向里，柔缓地向左侧前方推出至左掌内侧，左掌略内收，用掌跟护贴住右掌拇指侧，掌指向上，此时右手掌心变为向下。（图 2-21、图 2-22）

图2-20

图2-21

7. 右掌接着屈指握拳向右后拉，左手立掌向左前缓缓推出。右拳拉至与右肩平高，与肩距约两拳，左手立掌，左臂抻直，目视左侧前方（与本段 5 动的定势一样）。（图 2-23）

图2-22

图2-23

8. 以上为左势。继之练右势，右势与左势相同，唯方向相反。

9. 左右势反复练习几次后，左拳成掌向左侧划，至与右臂成左右平展时，再缓缓向头顶合拢、下按，至小腹前时，两手结子午诀。同时，左脚内收至右脚内侧成并立步。（图 2-24 ～图 2-26）

图2-24

图2-25

图2-26

要点

1. 两臂平拉，用力要均匀，尽量展臂扩胸，头顶保持正直。

2. 蹲马步时，挺胸塌腰，上体不能前俯，两脚跟外蹬。

功用

1. 本段扩张胸部，主要作用于上焦。吸气时，双手似开弓势，左右尽力拉开，加大胸廓横径，能吸进更多的清鲜空气；呼气时，双手下落，然后向胸前合拢，帮助挤压胸廓，吐尽残余的浊气，由于肺部的舒张与收缩，对心脏也起到了直接的挤压和按摩作用，加强了心脏功能。

2. 在马步过程中完成动作，腿部肌肉力量得到锻炼。

第三段　单臂伸托后天运

歌　诀

双手一分力用缓，右上左下臂捧圆。

右掌旋臂托云天，左掌翻转至髀关。

双掌均沿胃经走，换臂托按一循环。

呼尽吸足勿用力，收势双掌回丹田。

练法

1. 两脚外八字站立，两掌于脐腹前抱成子午诀，调节呼吸。（图 2-27）

2. 右掌心贴住左掌背，掌心向上，缓缓上托，至胸前时，两掌以肘为轴向两肩侧分开，掌高稍低肩，掌心向上，掌指向外，肘紧抵肋部。（图 2-28）

图2-27

图2-28

3. 两掌向胸前平收，至两乳前时，左掌翻转成掌心向下，沿左腹侧下按至左大腿外侧，掌指向前，同时，右掌旋腕，成托掌状，缓缓上举过头顶，掌心向上，掌指向左。两手上托下撑，至两臂伸直时，用暗劲抻动。（图 2-29、图 2-30）

图2-29

图2-30

4. 以腰部为轴点，上体缓缓向左转，使面部至左正向时，停住身体动作。接着，右掌下划，左掌上划抬起，至左臂抻托至尽、右掌下按至腹前时，上体右转成面对正前方。此时即成左托右撑势，要领同于右托左撑势。（图 2-31 ～图 2-35）

图2-31

图2-32

图2-33

图2-34

按上述右转左势的方法变右势。以上动作反复交替运动几个来回后，即行收势动作。

5. 右掌向右侧方抬起，左掌向左直臂下落划，上体左转，至面对正前方时，两臂成左右展臂平肩势，掌心向下，掌指向外。（图 2-36、图 2-37）

图2-35

图2-36

6. 两手掌旋转成掌心向上，缓缓抬臂向头顶上方合拢，至两掌心相对之际，勾腕成掌心向下，两臂沿两耳侧下按（过胸）直至脐腹前，抱掌结成子午诀，调匀气息。（图 2-38 ～图 2-40）

图2-37

图2-38

图2-39

图2-40

要点

1. 动作要连贯、匀速。

2. 两手的上举下按，手臂伸直，挺胸直腰，拔长脊柱。

功用

两手上撑下按对拉拔长，压缩腹腔和舒展腰腹，均具有对腹腔脏器进行按摩的功能，特别是对消化系统，能增加胃肠蠕动，提高消化吸收功能。

第四段　顾盼生姿除积劳

歌　诀

双掌捧抱似托盘，翻掌封按臂内旋。

头应随手向左转，引气向下至涌泉。

呼气尽时平松静，双臂收回掌向天。

继续运转成右势，收势气咽归丹田。

练法

1. 两脚外八字站立，两手抱于脐腹前结成子午诀，静心调息。（图 2-41）

2. 两掌五指伸开，右掌心贴住左掌背，掌心向上，缓缓上托，至胸前时，两掌以肘为轴向两肩侧分开，掌高稍低肩，掌心向上，掌指向外，肘紧抵肋部。（图 2-42、图 2-43）

图2-41

图2-42

3. 两臂缓缓伸开，高与肩平，接着，以腰为支点，上体随伸臂向左侧转动，尽量向左后转，双目随转身向左后方瞪眼而视。（图 2-44）

图2-43

图2-44

4. 上体右转，两臂平展不变，动作要领与左转向后瞧相同。（图 2-45、图 2-46）

左右连续扭动几次。

图2-45

图2-46

5. 回转上体，面对正前方时两掌下落，成下按掌，掌心向下，掌指向前，两掌位置于腹角髂骨前。（图 2-47）

6. 动作摆正之后，以腰为支点，上体左转，以左肩尽量用力向左后带劲，二目向后瞪视，同时，两掌外转指使虎口向前。（图 2-48）

图2-47

图2-48

7. 右转，动作要领与左转向后瞧相同。（图 2-49、图 2-50）

8. 几次毕，上身回复至面向正前方，然后，两掌转腕，指尖向前。（图 2-51）

图2-49

图2-50

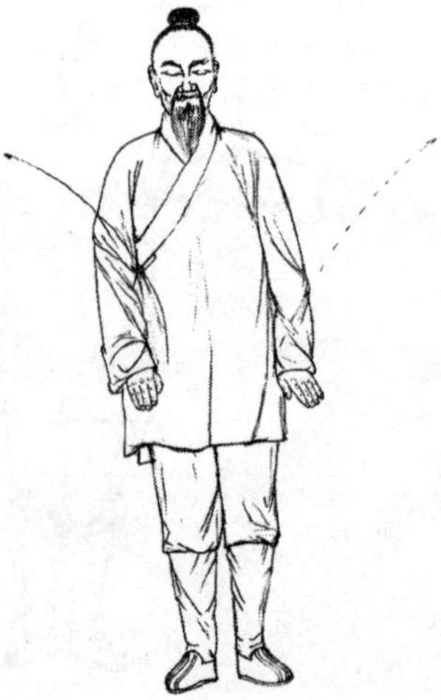

图2-51

9. 两臂自腹侧上抬向左右两侧分开、平展，直至两臂平肩，掌心向上，掌指向外。（图 2-52）

10. 两掌向头顶上方合拢，至掌心相对之际，勾腕成掌心向下，随之屈臂下按掌，沿两耳侧（过胸前）下收于脐腹前，抱掌结成子午诀，调匀呼吸。（图 2-53 ～图 2-55）

图2-52

图2-53

图2-54

图2-55

要点

1. 两臂起落开合要与呼吸配合一致。

2. 转头时，头平项直，眼尽量向后注视。

功用

本段动作是整个脊柱尽量拧转，眼往后注视，主要调整中枢神经系统功能，能活络颈椎，松弛颈肌，改善脑部供血供氧，从而提高大脑功能，发挥大脑对全身五脏六腑的指挥功能，胸部拧转有益于心肺两脏，腰部拧转有强腰健肾、调整脾胃作用。因此，有防止“五劳七伤”之说。

第五段　龙虎交媾水火济

歌　诀

马仆两桩自如变，双掌扶于膝上边。
头随呼气宜向左，双目却看右足尖。
吸气还原接右势，摇头斜看左脚前。
如此往返随气练，气不可浮意勿偏。

练法

1. 两脚外八字站立，两手抱于脐腹前结子午诀，静心调息。（图 2-56）

2. 两掌五指伸开，右掌心贴住左掌背，掌心向上，缓缓上托，至胸前时，两掌以肘为轴向两肩侧分开，掌高稍低肩，掌心向上，掌指向外，肘紧抵肋部。（图 2-57、图 2-58）

图2-56

图2-57

图2-58

3. 两掌缓缓向两侧平肩伸出，掌心向上不变。（图 2-59）

4. 两掌缓缓上举，过自己头顶。至两掌心相对时，左脚向左侧摆跨一步，两膝下蹲，成骑马桩，同时，两掌向下落于两大腿近膝盖处，虎口叉在腿上，拇指在外，余指在内。（图 2-60、图 2-61）

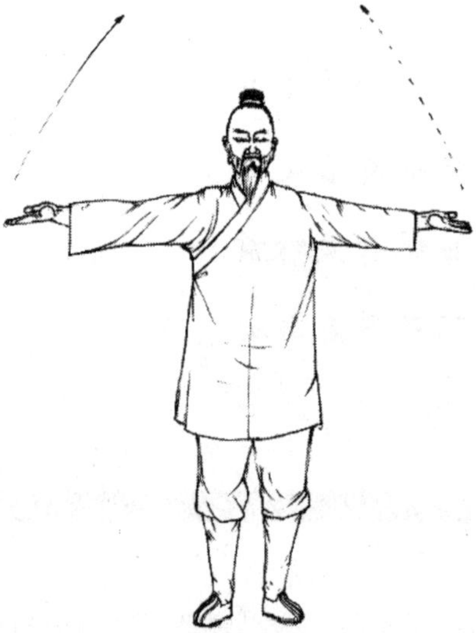
图2-59

图2-60

5. 以左肩带劲向右转成右弓步，同时，上体向左俯，头部从左下反向左后上转，继之向左下压低上身，下盘成左仆步，面部再经左膝而下，过裆前向右膝移动，下盘成右仆步。接着，缓缓向右起身，面部尽量向右后注视，转至一定程度恢复成正身，下盘蹲成马步桩。（图 2-62 ～图 2-66）

然后再按此法回旋转向左侧，重复几遍后，即行收势。

图2-61

图2-62

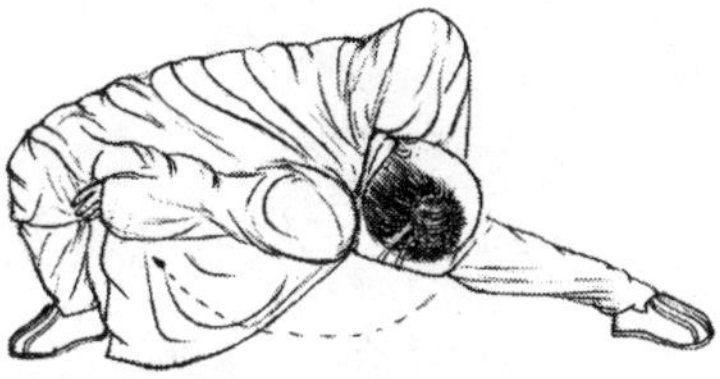
图2-63

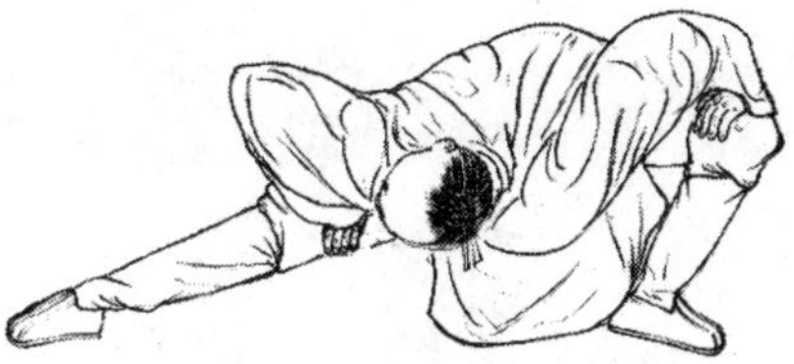
图2-64

图2-65

图2-66

6. 两掌抬离膝盖，掌心向上，向左右两侧抬臂，至一字平肩时，左脚向右脚内侧收拢，成外八字直立。（图 2-67）

7. 两掌向头顶上合拢，至掌心相对时，勾腕成掌心向下，过两耳侧，沿胸前下按掌，至小腹前抱掌，结成子午诀。（图 2-68 ～图 2-70）

图2-67

图2-68

图2-69

图2-70

要点

1. 上体左右摆动，手、眼、身、步、呼吸配合要一致，头部和臀部的相对称运动，对拉拔长，要有韧劲。

2. 两手不离膝，两脚不离地。

功用

1. 心火，中医认为是情志之火内发或六气郁结而化火出现的一些症状。摇头摆臀、拧转腰胯的运动，可以牵动全身，促进神经中枢的调节功能，起到清心泻火、宁心安神的功效。

2. 下肢的弓、马步变势练习，能改善腰酸膝软等症状。

第六段　龙盘虎踞鼎炉调

歌　诀

两足横开一步宽，两手平扶小腹前。

平分左右向后转，吸气背手撑腰间。

气随势走定深浅，呼气弯腰盘足圆。

秘法导引适用力，松腰收腹守丹田。

练法

1. 两脚外八字站立，两手抱于脐腹前结子午诀，垂帘凝神，静心调息。（图2-71）

图2-71

2. 两掌五指伸开，右掌心贴住左掌背，掌心向上，缓缓上托，至胸前时，两掌以肘为轴向两肩侧分开，掌高稍低肩，掌心向上，掌指向外，肘尖紧抵肋部。（图 2-72、图 2-73）

图2-72

图2-73

3. 两掌缓缓向两侧平肩伸出，掌心向上不变。（图 2-74）

4. 两掌转成掌心向下，缓缓向下、向身后收至后腰，以掌心贴住后腰，约肾俞穴部位，掌指向下，虎口向外。（图 2-75 ～图 2-77）

5. 上身后仰，挺胸仰头。（图 2-78）

图2-74

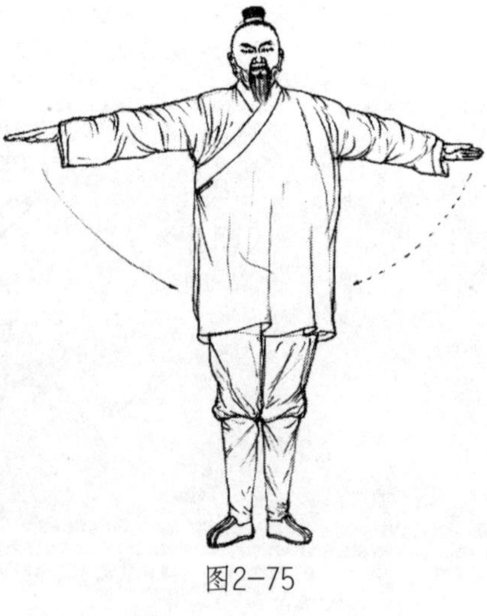

图2-75

图2-76

图2-77

图2-78

6. 两臂向左右张开，掌心向前，躬起上身向前俯，继之两掌臂成环形捞抱，至两脚尖前时，左掌叠于右掌心，掌心向上，右掌背贴地面，膝盖挺直，上体使力前俯，使两臂成环形。（图 2-79 ～图 2-82）

7. 两手收提，上身略起，然后，俯身，掌下落贴脚背，反复几次。（图 2-83）

8. 起身直立，两掌相叠收抱于小腹前，结成子午诀，调匀气息。（图 2-84）

图2-79

图2-80

图2-81

图2-82

图2-83

图2-84

要点

1. 身体前屈或背伸，主要是腰部活动，因此，两膝始终伸直。

2. 前俯后仰，速度缓慢、均匀，幅度渐渐由小到大。

功用

1. 腰部的前俯后仰，可以充分伸展腰腹肌群，双手攀足，可以牵拉腿部后群肌肉，所以本段动作能提高腰腿柔韧性，防止腰肌劳伤和坐骨神经痛等病症。

2. 腰部保护着重要的内脏器官、神经、血管，练习本段可以压缩、舒展脏器，具有内按摩功效。

3. “腰为肾之府”，腰强则肾固。

第七段　仙眼开光亮拳劲

歌　诀

马步下蹲眼睁圆，双拳束抱在腹前。

拳引内气随腰转，前打后拉两臂旋。

吸气收回呼气放，左右轮换眼看拳。

两拳收回腹前抱，收脚按掌势还原。

练法

1. 两脚外八字站立，两手抱于脐腹前结子午诀，静心调息。（图 2-85）

2. 两掌五指伸开，右掌心贴住左掌背，掌心向上，缓缓上托，至胸前时，两掌以肘为轴向两肩侧分开，掌高稍低肩，掌心向上，掌指向外，肘紧抵肋部。（图 2-86、图 2-87）

图2-85　　图2-86　　图2-87

3. 两掌缓缓向两侧平肩伸出，掌心向上不变。（图 2-88）

4. 两掌缓缓上举过头顶，两掌心相对之际，左脚向左摆跨一步，两膝屈蹲，成骑马桩，同时，两掌下按、扣指握拳，收抱于腋胁前，拳心向上，两肘后拉，二目平视。（图 2-89 ～图 2-91）

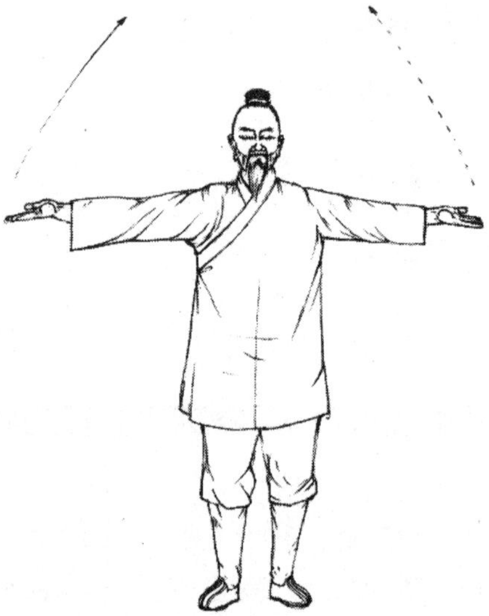

图2-88

图2-89

图2-90

图2-91

5. 吐气发声，瞪眼炯目，右拳向前方击出，拳心向下，高与肩平，两眼通过右拳凝视远方，同时，左拳后拉，与右拳出击形成一种“挣力”。随后，收回右拳，击出左拳，要领相同，反复数十次。（图 2-92）

图2-92

6. 两拳变掌，向左右分展，直至两臂平肩，掌心向上，掌指向外。（图 2-93）

7. 两掌向头顶上方合拢。掌心相对之际，勾腕成掌心向下，随之屈臂下按，沿两耳侧，过胸前，下收于脐腹前抱掌，结成子午诀，调匀气息。（图 2-95 ～图 2-96）

图2-93

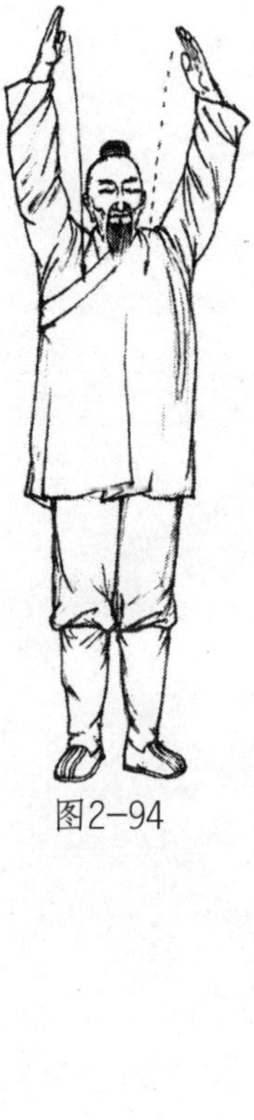
图2-94

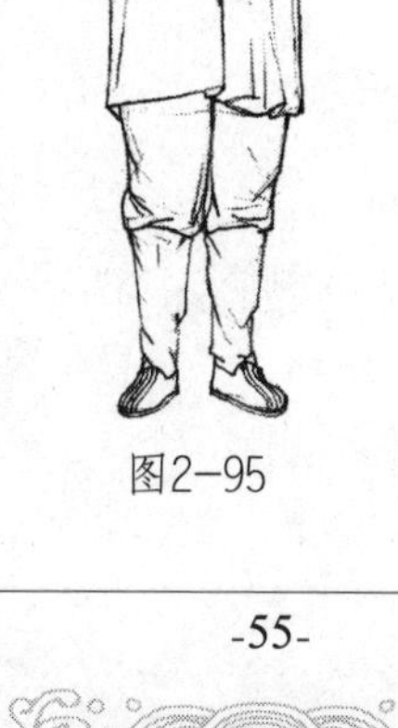
图2-95

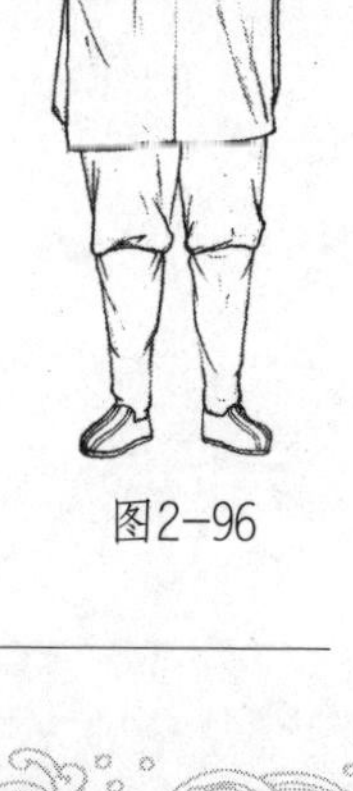
图2-96

要点

出拳由慢到快，做好拧腰瞬间前臂的急旋动作，体现寸劲；脚趾抓地，挺胸塌腰，并与呼气、瞪眼、炯目配合一致。收拳宜缓慢、轻柔，蓄气、蓄力待发。一张一弛，刚柔相济。

功用

1. 主要是锻炼肝的功能，肝血丰盈，则经脉得以涵养，以至筋骨强健，久练攒拳，则气力倍增。

2. 瞪眼可以宣泄肝气，从而调和气血，有助强肝。

3. 炯目可以抖擞精神，积聚精气，预防眼疾，提高视力。

第八段　鹤功抖擞百疾消

歌　诀

俯身两手抚足尖，趾掌支撑足跟悬。

呼气立身臂张开，落踵挺身一周天。

如此反复勤习练，全身气走回丹田。

疏放身体做颠抖，呼吸自然神气圆。

练法

1. 两脚外八字站立，两手抱于脐腹前结子午诀，静心调息。（图 2-97）

2. 两掌五指伸开，右掌心贴住左掌背，掌心向上，缓缓上托，至胸前时，两掌以肘为轴向两肩侧分开，掌高稍低肩，掌心向上，掌指向外，肘紧抵肋部。（图 2-98、图 2-99）

图2-97

图2-98

3. 两掌缓缓向两侧平肩伸出，掌心向上不变。（图 2-100）

图2-99

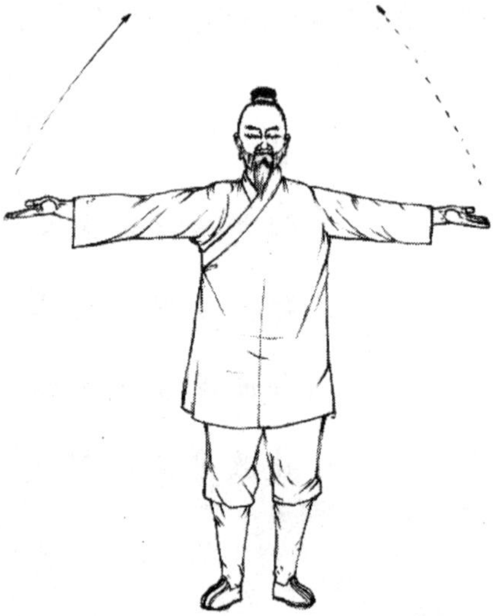

图2-100

4. 两臂伸直后，举至头顶上方。掌心相对时，沿体前下按，同时，两膝略蹲。两掌按抚于两膝盖上，掌指顺膝，虎口相对。（图 2-101、图 2-102）

图2-101

图2-102

5. 两膝缓缓挺直，两掌下按至两脚背，两虎口向里，指尖按于脚背内侧，同时，两足跟缓缓抬离地面，以脚前掌支撑。（图 2-103）

6. 两足跟落下振地，同时，上体顺势伸立，两臂随起身自体中线、向左右分展成一字平肩势，掌心向上。（图 2-104）

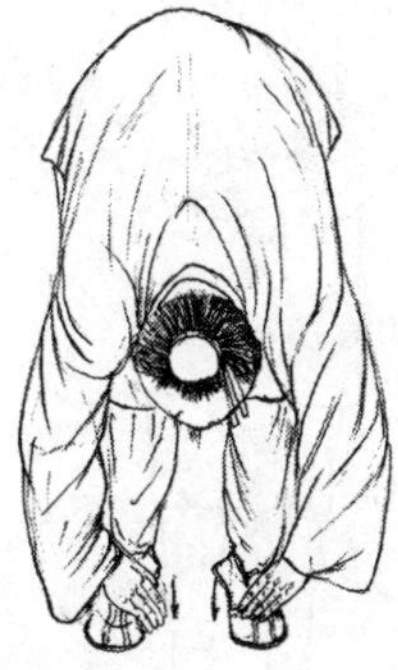

图2-103

图2-104

7. 再俯身按掌至脚背，抬脚跟。（图 2-105）

继之，起身，落脚跟，反复练习。

图2-105

8. 两臂左右分展，掌心向上，掌指向外。至臂直、平肩，两掌再向头顶上方合拢。掌心相对之际，勾腕成掌心向下，随之屈臂下按，沿两耳侧，过胸前，下收于脐腹前抱掌，结成子午诀，调匀呼吸。本功结束。（图 2-106、图 2-107）

图2-106

图2-107

要点

1. 身体抖动应放松。

2. 脚跟上提时，百会可上顶；脚跟着地时振动宜轻，意念可下引至涌泉。如此更有妙用，乃内家秘诀。如是初学者或者无内功基础者，不必使用意念，依然有效。

功用

1. 随着动作的落下，气血疏通，似将病气、浊气从身上全部抖落，从而取得“百病皆消”的导引功效。

2. 这是全段动作的结束，连续上下抖动使肌肉、内脏、脊柱松动，再做脚跟轻微地振动，能起到调节、整合的收功作用。

第三章　丹家道功八段锦

“此锦秘传，习之可令百疾除，筋节通灵。”

丹家道功八段锦，乃道家丹士配合静功修炼的一种动功秘法，又名“外八段锦”，此为相对于道家内八段锦坐功而言，以补静坐气滞血枯之弊。

此功亦名“八锻劲”，是说练之强筋壮骨，不但有益养生，而且可以增进武功，使身体柔韧灵活，手脚健实有力。

总　诀

垂掌立身心不摇，真武托天理三焦。

朱雀起翅和脾胃，青龙白虎肝肺调。

龟盼益血神气凝，太乙摆尾坎离交。

怒目攒拳神力添，鹰顾盘足固肾腰。

纵横上下得存养，鹤立颠震百病消。

强筋壮骨乃小效，心自明兮神自昭。

八段锦成百脉新，武当薪传灵丹苗。

起势　垂掌立身心不摇

歌　诀

垂掌立身直如松，两腿相并脊梁正。

两耳垂肩鼻对胸，含视收光一尺中。

练法

正身直立，两腿相并，脊梁竖起，两掌自然垂于体侧；垂帘摄神，凝神一志，调息定气。（图 3-1）

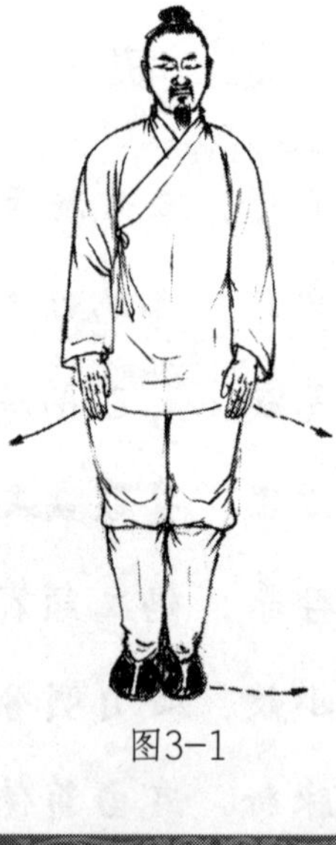

图3-1

要点

头正顶平，全身放松，目光内含，呼吸自然。

功用

端正身形，宁静心神，调整呼吸，内安脏腑。

第一段　真武托天理三焦

歌　诀

立身澄净貌恭敬，两掌托起翻至肩。

伸臂举直指相交，仰面瞪目视云天。

足跟提离千斤意，站立片刻非等闲。

十指分开缓缓下，落踵呼气练几遍。

练法

1. 左脚旁开一步，与肩同宽，两掌翻转掌心向前而分开于两腿外侧。继向前缓缓抬起，如捧一物，直至两掌与肩平，掌心向上，掌指向前，两臂稍屈，肘部下沉，目光平视前方。（图 3-2 ～图 3-4）

2. 两掌外旋腕，使指尖向肩后、肘向前下，成两掌于耳侧、肩上方欲托物之状。（图 3-5）

图3-2

图3-3

图3-4

3. 两掌缓缓向上，伸臂、托举，同时，仰面、上视。（图 3-6）

4. 至臂直后，十指向里交叉，虎口向前，掌心向上，同时，两足跟缓缓抬离地面。定势后，坚持片刻。（图 3-7）

图3-5

图3-6

图3-7

5. 十指分开，双臂从两侧徐徐放下，两足跟随着落地，两臂下垂体侧，二目平视前方。（图 3-8、图 3-9）

按上述动作反复练习数遍，具体次数自己确定。

图3-8

图3-9

要点

1. 练习时要注重外动、自然呼吸，即以动作引导呼吸、呼吸配合动作，这样动作与呼吸自然协调一致，易于学练，不易出偏，尤其对于初学者更为重要。不要刻意规定每动的呼与吸、气息的长与短，不能以呼吸制约动作。

2. 两掌要缓缓而行；叉指托掌要伸开，以使胸肋舒张。

3. 托举双掌时，两腿要尽量挺直；足前掌撑地时，十趾抓地扣紧，保持身体平衡，不可摇晃。

功用

通过手上举、足跟提，使筋脉舒展，呼吸畅达，营卫周流不息，而达到三焦通利、气血调和、身轻体健、延年益寿之效。

第二段　朱雀起翅和脾胃

歌　诀

两掌怀中如抱月，左掌上翻托天阙。
仰面目注掌背缘，右掌下按腿侧落。
胸前换掌左右同，上托下按遵要诀。
对拔拉长促循环，脾胃康健体愉悦。

练　法

1．两脚并步，正身直立，两手臂自然垂于体侧。（图 3-10）

2．左脚向左侧横开一步，与肩同宽，双掌成掌心向上，并托抱而起，至心口处停住，指尖相对，二目平视前方。此势叫“托抱势”，两掌有如托抱一物之状。（图 3-11）

图3-10

图3-11

3. 左掌向外翻转成掌心向上，往头顶上托，指尖向右，仰面，目注左掌背，同时，右掌心翻转向下，下按于右大腿侧，指尖向前。（图 3-12）

4. 左掌下落，右掌上翻托起，还原成“托抱势”。（图 3-13）

图3-12

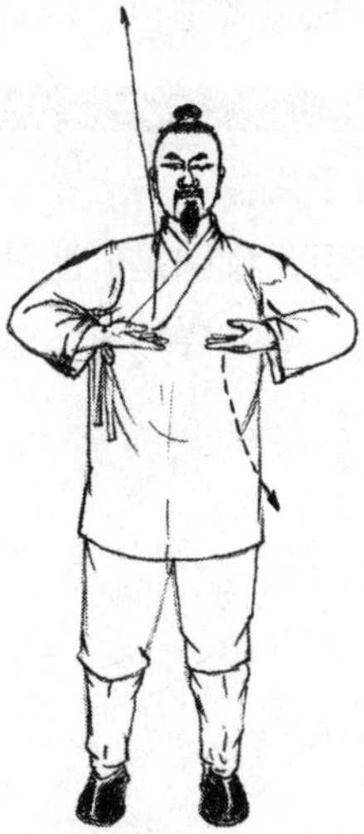

图3-13

5. 以上为左势。继练右势，右势与左势相同，方向相反。

左右掌轮番上托、下按几遍后，即可收势。

6. 托掌下落，再与下按掌一齐按至两髂骨前，接着，左脚内收与右脚并步而立，左右掌松指贴于体侧，二目平视前方。（图 3-14、图 3-15）

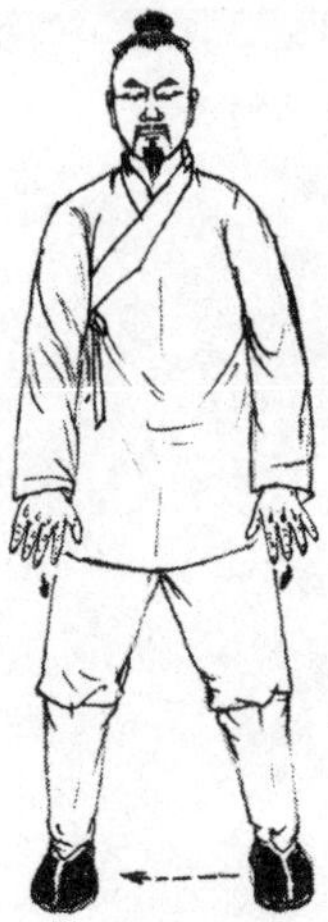

图3-14

图3-15

要点

1. 上托下按时，两臂要尽量伸直，两掌要用暗劲抻拔。

2. 全身松紧要适度，肢体伸展宜柔宜缓，不可有扭曲不顺的姿势。

功用

由于两手交替一手上举一手下按，上下对拔拉长，使两侧内脏和肌肉受到协调性的牵引，特别是肝胆脾胃等脏器受到牵引，从而可促进胃肠蠕动，增强消化功能。长期坚持练习，对上述脏器疾病有防治作用。

第三段　青龙白虎肝肺调

歌诀

收拳于胸做握固，开步蹲立骑马桩。

两手交臂小腹前，左侧划臂八字掌。

右手扣指做回拉，目注指尖抻拔长。

两手交臂作换势，左右拉弓意一样。

练法

1. 两脚并步，正身直立，两手臂自然垂于体侧，二目平视前方，呼吸自然。（图 3-16）

2. 两手沿体侧向胸前抬起，至胃部前时，十指屈握成拳，拳心向上，虎口向外。（图 3-17）

图3-16

图3-17

3. 左脚旁开一步，距宽大于肩，两拳变掌，随两腿（成骑马势）缓缓屈膝之际，于腹前交叉：左手在下，右手在上，掌心均向上，虎口向外。（图 3-18）

4. 左手自腹前向右上、经胸前、过左肩、划掌伸臂至左侧方，中指、无名指、小指弯曲，食指与拇指撑开成八字形，食指向上，掌心向前，高与肩平，同时，头左转，目视左手，右掌随之跟护于左肘内侧，虎口向上，掌心向里。（图 3-19）

图3-18

图3-19

5. 右掌扣指成鹰爪，屈肘平肩向右侧拉，至右肩前，虎口向上，手心向里，同时，左手八字掌向左前撑，臀部渐渐下沉成四平马步桩，瞪目怒视左手食指。两臂有如拉弓射箭状。（图 3-20）

6. 右爪变掌下落于腹前，同时，左手中、无名、小指伸开，内划下收，左腕背放于右腕内侧，两掌交叉，两手心均向上，虎口向前，头面向右转正，二目平视。（图 3-21）

图3-20

图3-21

7. 以上为左势。继练右势，右势与左势相同，方向相反。

上述动作左右交换拉弓数遍。

8. 起身，内收左脚于右脚内侧，并步而立，同时，两手变掌向左右分开继上合，至肩前时按掌，掌心向下，指尖相对，下按掌至小腹前。（图 3-22、图 3-23）

9. 动作不停，随即放下两掌于体侧，调匀呼吸。（图 3-24）

图3-22

图3-23

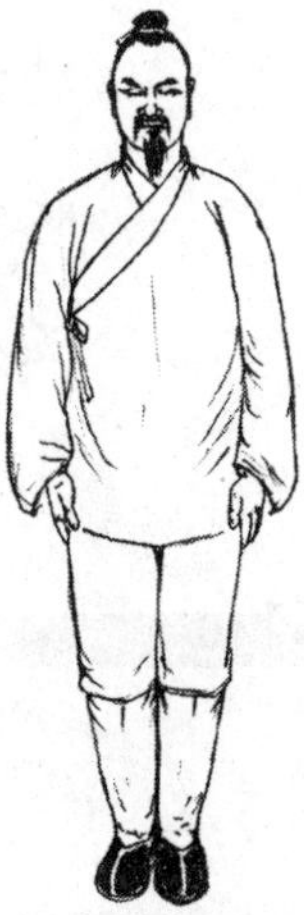

图3-24

要点

开弓时的食指和拇指成八字形，须使虎口撑圆。上体的起落要徐缓，两手拉弓舒臂要尽量扩胸，全身均具有相互抻拔的劲力。

功用

1. 通过扩胸伸臂，使胸肋部和肩臂部的骨骼肌肉得到锻炼和增强，有助于保持正确姿势，矫正因两肩过度内收而引起驼背等不良姿势。

2. 扩胸时，对心肺给予节律性的按摩，增强心肺功能。

第四段 龟盼益血神气凝

歌 诀

右手面前画弧形，侧首弯肱扳左颔。

转视几次左开步，弓箭扭身左后遏。

收步起身换手做，要领相同势反折。

五劳七伤从此去，延年益寿自选择。

练法

1. 正身直立，两脚并步，两手臂自然垂于体侧，静心调息。（图 3-25）

图3-25

2. 左脚侧开步与肩同宽，同时，左手反背贴于后腰命门穴，掌心向后，掌指向右；右手自下经左腹侧，向左肩，过面前，向右侧上方画弧。至右臂伸直时，屈臂左收过后脑，收掌扳住左侧下巴。（图 3-26、图 3-27）

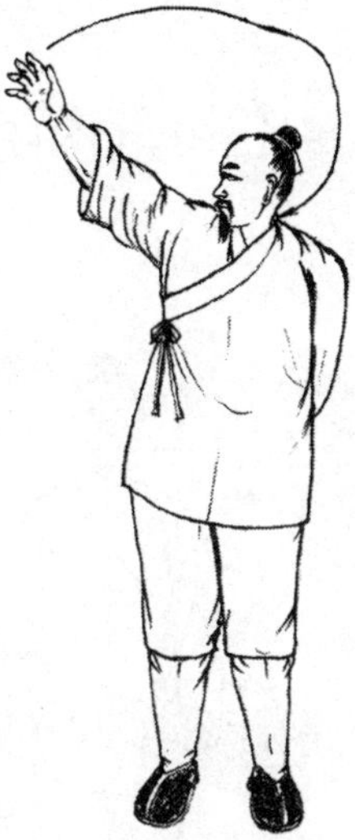
图3-26

图3-27

3. 颈部用力，在右手的带动下，头部向左后转动几次，同时，二目用力往左后瞧。（图 3-28）

4. 松下右手，左脚向左侧方猛上一步，上身前拥，成左弓步，两掌按于左膝盖上，右掌按住左掌背。然后，上身尽量向左后扭转，二目极力望向右脚跟。（图 3-29）

图3-28

图3-29

5. 头部扭动几次后，上体向右转正，左脚收步，两脚间距约与肩宽，做左势动作，练法同右势，唯方向相反。

左右练习几遍后，即可收势。

6. 右脚内收，两脚开距与肩同宽，立身而起，同时，两手臂向左右抬举伸臂，二目平视（图 3-30）

7. 双臂下落于体侧，同时，左脚收拢并步，舒松全身，调匀呼吸。（图 3-31）

图3-30

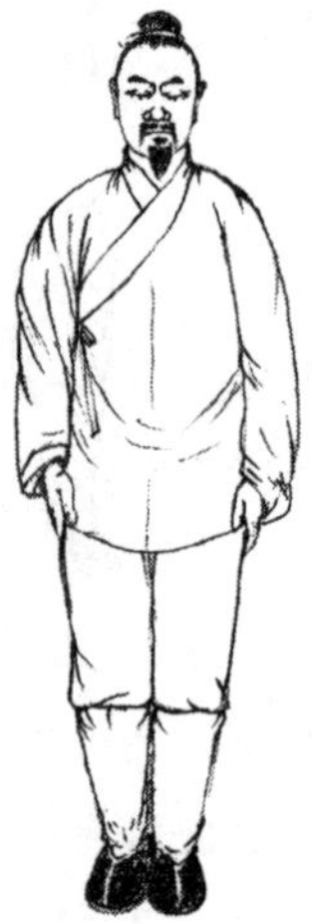
图3-31

要点

1. 手扳住下巴时的转动要以颈椎发力，力量要适度，不可用暴力，以免损伤颈椎关节。

2. 成弓步后上体转体目视后脚时，两脚掌要踏实，后腿膝关节挺直。

功用

1. 此势是一项全身性的运动，尤其是腰、颈部、眼球等运动。由于颈部的反复拧转可增强颈部肌肉的伸缩能力，改善颈部的血液循环，有助于解除中枢神经系统的疲劳，增强和改善其功能。

2. 对防治颈椎病、高血压病、眼病和增强眼肌也有良好效果。

第五段　太乙摆尾坎离交

歌　诀

双足平开马步桩，双掌按于胯膝间。

百会海底一直线，继而俯身摇转变。

先向前俯身左旋，立身再做右一遍。

动作徐缓意要专，水火既济养丹田。

练法

1. 两脚并步正身直立，两手臂自然垂于体侧，放松全身，静心调息。（图3-32）

2. 左脚向左侧旁开一步，屈膝蹲立成马步桩，两掌抚于大腿近膝处，拇指按于腿外侧，其余四指按于大腿内侧，虎口向里；上身正直，二目平视前方。（图3-33）

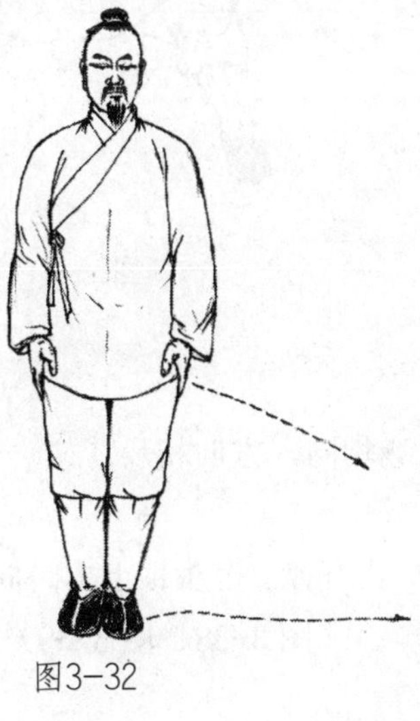

图3-32

图3-33

3. 头及上体缓缓向前俯；深屈至胸近于大腿时，继向左、向后缓缓转动；至左、后一定程度而立起上身，再转正。（图 3-34 ～图 3-37）

图3-34

图3-35

图3-36

图3-37

4. 上为左势。继练右势，右势与左势相同，方向相反。

按上述动作左旋右转几遍。

5. 伸膝挺立直身，两手向里交叉并向上托举。至头顶上方时向左右分开，再下落掌收于体侧，同时，左脚收拢并步。（图 3-38、图 3-39）

图3-38

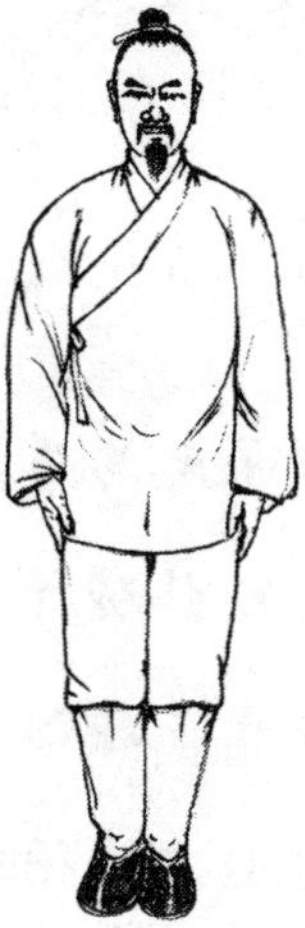

图3-39

要点

转身体时应以腰为轴，头左臀右、头右臀左，两脚及腿要灵活，呼吸要与四肢的屈伸摆动协和一致。

功用

1. 此势上身前俯，尾闾摆动，使心火下降，肾水上升，可以消除心烦、口疮、口臭、失眠多梦、小便热赤、便秘等症状。

2. 能改善腰椎部位的疾患。

第六段　怒目攒拳神力添

歌　诀

四平大马蹲如踞，两拳抱腰肘收贴。

怒目引动肝气发，出拳如摧山崩裂。

揸开五指劲气迸，攒紧拳头硬如铁。

右出左收循环练，断石开砖除奸邪。

练　法

1. 正身直立，两脚并步，两手臂自然垂于体侧，静心调息。（图 3-40）

2. 左脚向左侧旁开一大步，重心下沉，两腿屈膝蹲成马步桩，同时，两手伸掌向左右挽臂握拳抱于腰间，拳眼向外，拳心向上，拳面向前，二目平视前方。（图 3-41）

图3-40

图3-41

3. 左拳自腰间向正前方猛力冲出，手臂平肩，拳心向下，拳面向前，同时，二目猛然瞪起，怒视前方。（图 3-42）

4. 左拳五指猛然揸开，掌心向前吐力，手指向上。（图 3-43）

图3-42

图3-43

5. 左掌用力向外旋腕，扣指成拳，拳心向上，缓缓拉回至左腰间。（图 3-44、图 3-45）

6. 出右拳，动作要领与左臂方法相同，唯方向相反。

按上述动作反复出拳练习，据自己体力而定次数，拳谚有“日出千拳，力可开砖”，多多练习，自有大用。

图3-44

图3-45

7. 完成左右的出拳后，即可收势。左脚向右脚内侧拢，成并步，身体直立，双手成掌下落于体侧，指尖向下，掌心向里，调匀呼吸。（图 3-46）

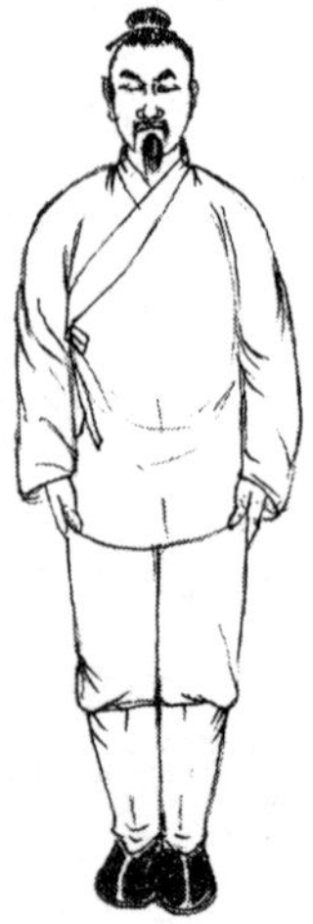

图3-46

要点

出拳时呼气，眼要炯起，五指紧握；抓回时吸气，并用暗劲；收回至腰际时，全身舒松，蓄力待发。

功用

此势运动双手、四肢、腰和眼肌，能够舒畅全身气机，增强肺气，同时使大脑皮层和植物神经兴奋，有利于气血运行，并有增强全身筋骨和肌肉的作用。

第七段 鹰顾盘足固肾腰

歌 诀

双足并立臂下垂，上体低俯膝挺直。

两手握住足踵际，左足开立头昂起。

掌抚腿后移命门，轻按腰骶莫用力。

上体缓缓后仰挺，起伏顺畅多练习。

练法

1. 两脚并步，正身直立，两臂自然垂于体侧，自然呼吸。（图 3-47）

2. 上体缓缓下俯，膝部挺直。至双手下垂触摸到脚踝时，左脚旁开一步，两脚间距与肩同宽。（图 3-48）

3. 手掌握住脚踝，拇指握外踝关节，其余四指握内踝关节，手心按住脚跟后侧，同时，头部缓缓昂起，两眼上翻，正视前方。（图 3-49）

图3-47

图3-47

图3-49

4. 两手掌沿两腿后侧收至后腰，掌心按住腰部，掌指尖相近于脊沟，虎口向下，同时，上半身缓缓抬起、后仰。（图 3-50、图 3-50 附）

后仰到一定程度后再向前收起，接着后仰。反复练习几遍。

5. 两脚收拢并步，身体直立，双手成掌自然下落体侧，指尖向下，掌心向里；舒松身体，调匀呼吸。（图 3-51）

图3-50

图3-50附

图3-51

要点

1. 俯身、起身时，动作应舒缓，用力要适度。

2. 上体下俯躬身时，两膝不可弯曲；昂头时，颈部尽量抻拉，使整个脊椎得到伸展。

3. 年老体弱者，俯身动作应逐渐加大，有较重的高血压病和动脉硬化患者，俯身时头不宜过低。

功用

此势主要运动腰部，同时加强腹部及各个内脏器官的活动，长期坚持锻炼，有疏通带脉及任督二脉的作用，能强腰、壮肾、醒脑、明目，并使腰腹肌得到锻炼。

第八段　鹤立颠震百病消

歌诀

两脚并齐足跟抬，挺膝如鹤立稳定。

落跟震地全身抖，气血流荡自通灵。

起落有序气息匀，颠簸多遍体自轻。

五脏六腑善牵连，秘法勤习消百病。

练法

1. 两脚并步，正身直立，双臂自然垂于体侧。（图 3-52）
2. 足跟缓缓抬立地面，以前脚掌支撑身体。（图 3-53）

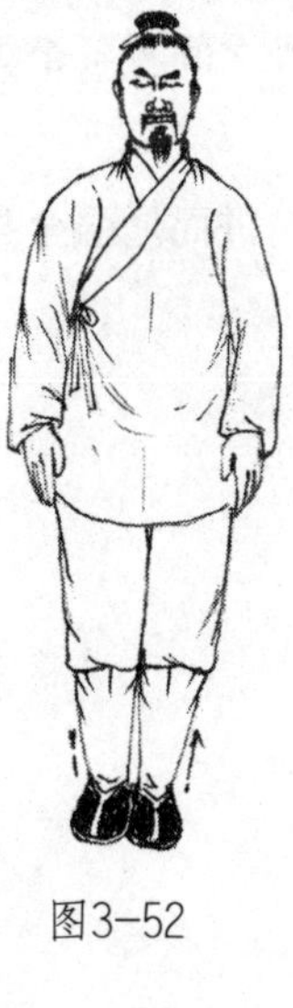

图3-52

图3-53

3. 足跟自然落地，使全身振动。（图 3-54）

足跟反复起、落，多多练习。

图3-54

要点

足跟落地的速度和力度皆要适当，呼吸与起落自然配合。

功用

1. 此势通过脚跟有节律的弹性运动，从而使椎骨之间及各个关节韧带得以锻炼，对各段椎骨的疾病和扁平足有防治作用。

2. 有利于脊髓液的循环和脊髓神经功能的增强，进而增强全身神经的调节作用。

第四章 先天乾坤八段锦

乾坤门乃内家武当派一大名门，因其传承悠久，故分支较多，如“先天乾坤门”“南乾坤门”“北乾坤门”“乾坤八卦门”“乾坤一气门”等。本八段锦属于先天乾坤门，由其门第五十世万天玄老先生传出。

先天乾坤八段锦，有刚有柔，刚中寓柔，柔中寓刚，刚柔相济。其三字诀曰：“八段锦，先天真。刚柔济，自然神。气力足，心意欣。寿百年，值千金。非同道，不予人。常修习，入仙门。”

总 诀

女娲举石补碧天，后羿弯弓射乌雁。

黄婆梦醒单臂举，真武回首劳伤远。

游鱼戏水天心火，躬身作揖拜玄山。

公明伏虎紧攒拳，逍遥颠抖赛神仙。

预备势

歌　诀

两足分开平行站，开距与肩相同宽。

头正身直体放松，手臂伸开要自然。

两膝微屈更沉气，双手抱球在脐前。

垂帘凝神慢调息，丹田呼吸炼内丹。

练法

1. 正身直立，两臂自然垂于体侧，心境泰然，二目平视前方。（图 4-1）

2. 松腰沉髋，身体重心移至右腿，左脚向左侧开步，脚尖向前，约与肩同宽。（图 4-2、图 4-3）

图4-1

图4-2

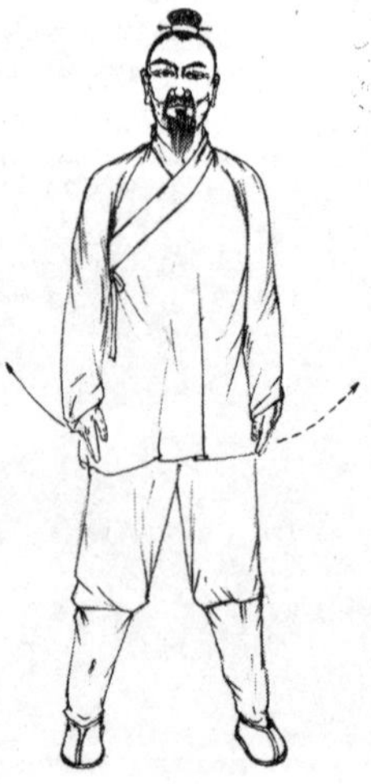

图4-3

3. 两臂内旋，两掌分别向两侧摆起，约与髋同高，掌心向后，掌指向下。（图 4-4）

4. 两腿膝关节稍屈，同时，两臂旋转成掌心向前并向前合抱。于腹前成圆弧形的抱球状，高与肚脐平，掌心向内，两掌指间约 10 厘米，两臂成圆，垂帘含目（也可平视），静心调息，呼吸自然。（图 4-5）

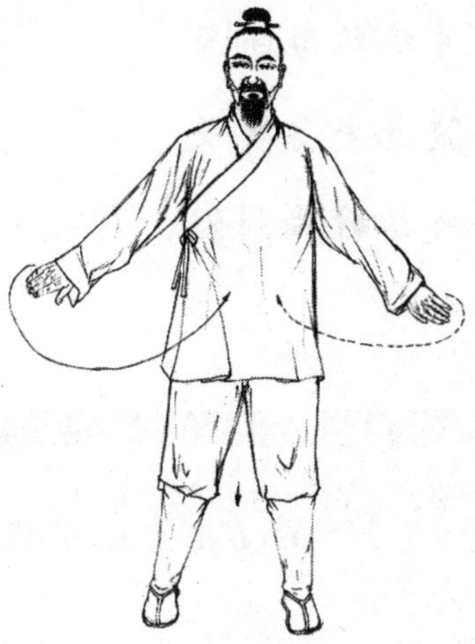
图4-4

图4-5

要点

1. 头向上顶，下颏微收，舌舐上腭，双唇轻闭。

2. 沉肩坠肘，腋下虚掩，胸部宽舒，腹部松沉，收髋敛臀，上体中正。

3. 呼吸徐缓，气沉丹田。

4. 抱球时，大拇指不能上跷，应抱平，膝关节不超越脚尖，两脚平行站立。

功用

宁静心神，调整呼吸，内安五脏，端正身形，从精神与肢体上做好练功前的准备。

第一段　女娲举石补碧天

歌　诀

两掌叉指丹田前，翻掌向上托碧天。

左右分掌拨云势，双手棒抱势还原。

一呼一吸须均匀，势随气走要缓慢。

息随动作自然成，呼气尽时片刻闲。

练法

1. 两臂外旋、稍微下落，两掌十指分开在腹前交叉，掌心向上，目平视前方。（图 4-6）

2. 两腿缓缓挺膝伸直，同时，两掌掌心向上并向上托起。至胸前时两掌内旋，再托举到头顶正上方，掌心向上，抬头目视两掌。（图 4-7、图 4-8）

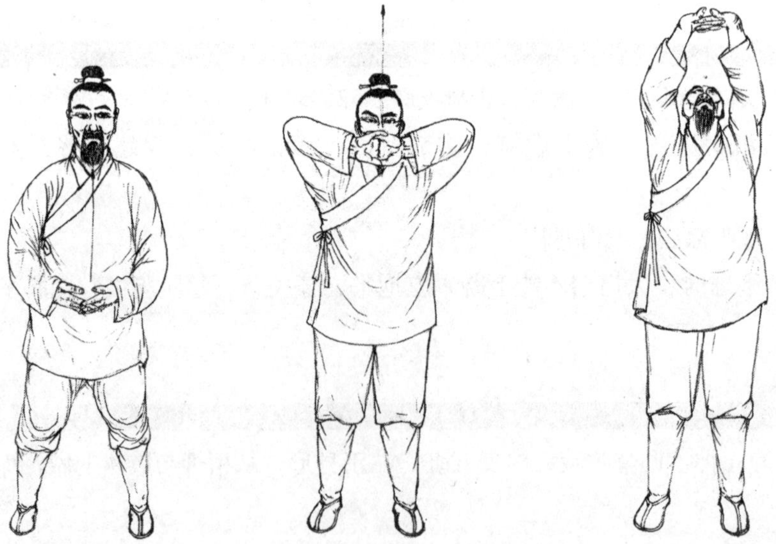

图4-6　图4-7　图4-8

3. 两臂继续上托，至肘关节伸直后略停，下颏内收，二目平视前方。（图4-9）

4. 十指慢慢分开，两臂分别向身体两侧下落，收向小腹前成捧抱状，掌心向上，指尖相对，同时，身体重心缓缓下降，膝关节微屈。（图4-10、图4-11）

反复练习本段几遍，遍数自定。

图4-9

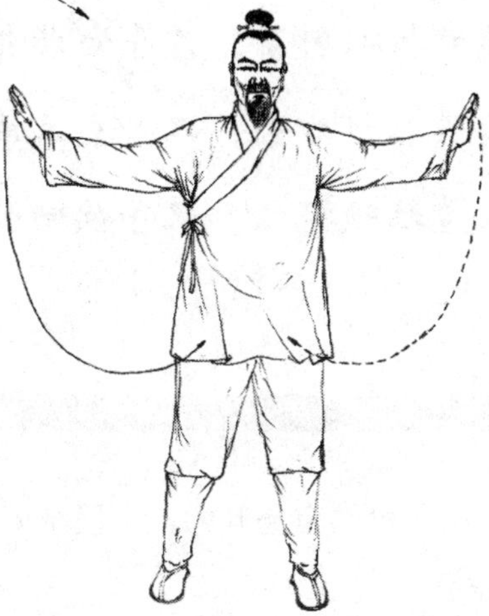
图4-10

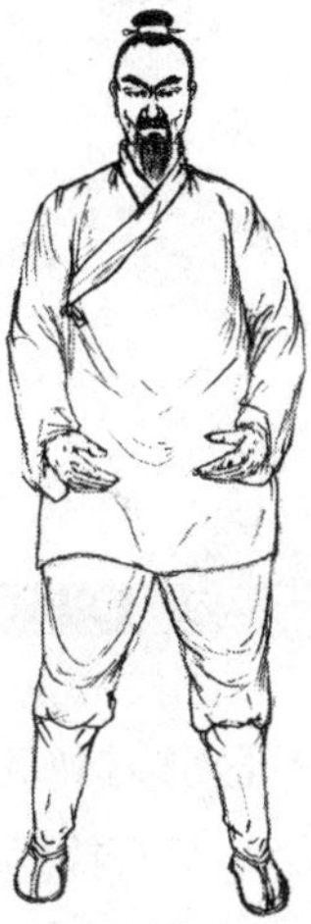
图4-11

要点

1. 两掌上托要舒胸展体，略有停顿，保持抻拉。

2. 两掌下落，松腰沉髋，沉肩坠肘，松腕舒指，上体中正。

3. 两掌上托，舒胸展体，缓慢用力，下颏先向上助力，再内收配合两掌上撑，力在掌根。

功用

1. 通过两手交叉上托，缓慢用力，保持抻拉，可使三焦通畅、气血调和。三焦为六腑之一，是上、中、下三焦的合称，主要功能为疏通水道与主持气化。其位置是在胸腹之间，横膈以上为上焦，横隔以下至脐为中焦，脐以下为下焦。

2. 通过拉长躯干与上肢各关节周围的肌肉、韧带及关节软组织，对防治肩部疾患、预防颈椎病等具有良好的作用。

第二段　后羿弯弓射乌雁

歌　诀

马步蹲裆要稳健，双手交叉左胸前。

左推右拉似射箭，左手食指指向天。

势随腰转换右势，双手交叉右胸前。

右推左拉眼观指，双手收回势还原。

练法

1. 连续练习时，由上段结束势开始，上段结束势与此势一样。如单练，开始时可直接摆成此势。（图 4-12）

2. 身体重心右移，左脚向左侧开步站立，两膝关节自然伸直，同时，两掌向上交叉于胸前，左掌在外，右掌在内，两掌心均向里，虎口向上。（图 4-13、图 4-14）

图4-12

图4-13

图4-14

3. 两腿缓缓屈膝，蹲成马步桩，同时，右掌屈指成扣指半握拳，向右拉至肩前，拳心对肩，上臂抬平，左手成单指掌（食指竖直，中指、无名指、小指屈贴掌根节，拇指伸开与食指成八字状），向左侧推出，高与肩平，坐腕竖掌，掌心向左，头左转，目视左手食指尖，有如拉弓射箭之势。（图 4-15）

图4-15

4. 上势动作略停数秒。然后，身体重心右移，左腿蹬伸，成右弓步势，同时，右手五指伸开成掌，向前、向右划弧，与肩同高，指尖向上，掌心斜向前，左手指伸开成掌，掌心向左，头颈右转，目视右掌。（图 4-16）

5. 重心继续右移，左脚回收成正身直立，同时，两掌分别由体侧下落，捧于小腹前，指尖相对，掌心向上。（图 4-17）

6. 接下来做右势。右势与左势动作相同，方向相反。

左右交替连续练习几遍。

图4-16

图4-17

要点

1. 侧拉之手五指要并拢屈紧，肩臂放平；八字掌侧撑需沉肩坠肘，屈腕竖指，掌心涵空。

2. 年老体弱者可自行调整马步的高度，以自身的平衡为准。

功用

1. 展肩扩胸，可刺激督脉和背部俞穴，以及手三阴三阳经，调节经脉之气。

2. 可有效发展下肢肌肉力量，提高平衡和协调能力，增加前臂和手部肌肉的力量，提高手腕关节及指关节的灵活性。

3. 有利于矫正不良姿势，如驼背及肩内收等，并能预防这类病症。

第三段　黄婆梦醒单臂举

歌　诀

双手一动天地分，右上左下臂棒圆。

右掌旋臂托天际，左掌翻转至髀沿。

双掌牵动胃经走，换臂托按遍循环。

呼尽吸足勿用力，收势双掌意丹田。

练法

1. 接上段结束势。右脚向右分开，两脚距同肩宽，两膝稍微弯曲，两手准备上托。（图 4-18）

2. 紧接着，两腿缓缓挺膝伸直，同时，左掌上托，左臂外旋上穿经面前，随即臂内旋上举至头左侧上方，肘关节微屈，力达掌根，掌心向上，掌指向右，

图4-18

图4-19

右掌微上托，随即臂内旋下按至右髋旁，肘关节微屈，力达掌根，掌心向下，掌指向前，二目平视。（图 4-19）

3. 松腰沉髋，身体重心缓缓下降，两膝关节微屈，同时，左臂屈肘外旋，左掌经面前下落于腹前，右臂外旋，右掌向上捧于腹前。两掌指尖相对，相距约 10 厘米，掌心向上。（图 4-20）

4. 接练右势，右势与左势动作相同，方向相反。

5. 把左右势连续练习几遍。欲收势时，身体重心缓缓下降，两膝关节微屈，同时，右臂屈肘外旋，右掌下按于右髋外侧，掌心向下，左掌不动。（图 4-21）

图4-20

图4-21

要点

1. 两掌放平，力在掌根。

2. 对拉拔长，上抻下按，舒胸展体，拔长腰脊。

功用

1. 通过左右上肢一松一紧的上下对拉（静力牵张），可以牵拉腹腔，对脾胃、中焦、肝胆起到按摩作用，同时可以刺激位于腹、胸部的相关经络，以及背部俞穴等，达到调理脾胃（肝胆）和脏腑经络的作用。

2. 可使脊柱内各椎骨间的小关节及小肌肉得到锻炼，从而增强脊柱的灵活性与稳定性，有利于预防和治疗肩、颈病症。

第四段　真武回首劳伤远

歌　诀

双掌放松息调匀，掌心外翻臂内旋。

头应随手向左转，目力凝注向天边。

呼气尽时体松静，双臂收回法简便。

继续运转成右势，左顾右盼缓缓练。

练法

1. 接上势。两腿缓缓挺膝伸直，同时，两臂伸直，掌心向后，指尖向下，继之两臂充分外旋，掌心向外，头向左后转，目视左斜后方。此为左势。（图4-22、图4-23）

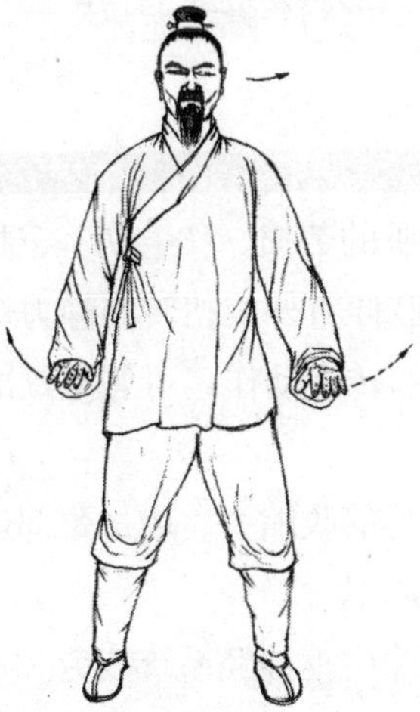

图4-22

图4-23

2. 略停数秒。然后，松腰沉髋，身体重心缓缓下降，两膝关节微屈，同时，两臂内旋按于髋旁，掌心向下，指尖向前，目视前方。此为右势开始。（图 4-24）

3. 接练右势，动作与左势相同，唯方向相反。反复练习几遍。

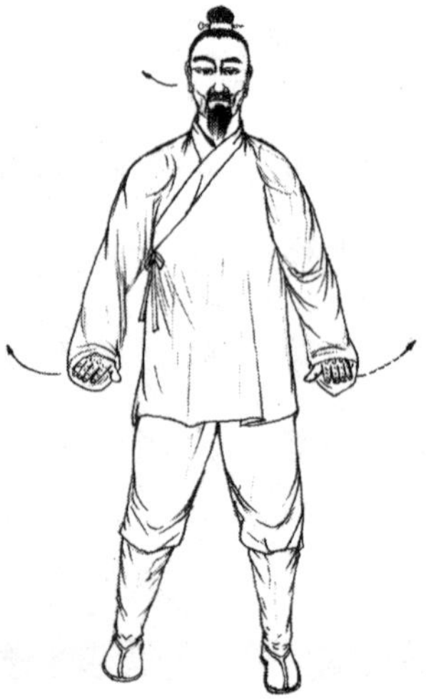

图4-24

要点

1. 头向上顶，肩向下沉。

2. 转头不转体，旋臂、两肩后张时，下颏内收，转头与旋臂幅度宜大，速度均匀。

功用

1. “五劳”，指心、肝、脾、肺、肾五脏的劳损，“七伤”，指喜、怒、悲、恐、忧、思、惊七情伤害。此势通过上肢伸直外旋扭转的静力牵张作用，可以扩张牵拉胸腔、腹腔内的脏腑，往后瞧的转头动作，可刺激颈部大椎穴，达到防止五劳七伤的目的。

2. 可增加颈部及肩关节周围参与运动肌群的收缩力，增加颈部运动幅度，活动眼肌，预防眼肌疲劳及肩、颈与背部等疾患。

3. 改善颈部及脑部血液循环，有助于解除中枢神经系统疲劳。

第五段　游鱼戏水天心火

歌　诀

马步蹲立裆须圆，双掌扶于膝上边。

头随呼吸向右偏，双目看向右足尖。

低头俯身转向左，摇头斜看晴朗天。

顺时针转随之动，顺逆摇摆天心火。

练法

1. 接上段结束势。身体重心左移，右脚向右开步站立，两膝关节自然伸立，同时，两掌上托，与胸同高时两臂内旋，两掌翻转一周继续上托至头顶上方，肘关节微屈，掌心向上，指尖相对，目视前方。（图 4-25 ～图 4-28）

图4-25

图4-26

图4-27

图4-28

2. 两腿缓缓屈膝，蹲成马步桩，同时，两掌向两侧下落，扶于膝部上方，肘关节微屈，小指侧向前。（图 4-29）

3. 身体重心向上稍升起，然后右移，上体先向右倾，随之俯身，目视右脚。（图 4-30、图 4-31）

图4-29

图4-30

图4-31

4. 身体重心左移，上体由右向前、向左方移动。头移至左膝外侧时，缓缓向上摇起，身体重心右移至正，同时，头向后摇，上体立正，随即下颏微收，二目平视前方。（图 4-32 ～图 4-34）

5. 上为左势，接练右势动作与图 4-30 ～图 4-34 相同，唯方向相反。

图4-32

图4-33

6. 左右势练习几遍后，身体重心左移，右脚回收，开步站立，与肩同宽，同时，两掌向外经两侧上举，掌心相对。（图 4-35）

图4-34

图4-35

7. 松腰沉髋，身体重心缓缓下降，两膝关节微屈，同时，屈肘，两掌经面前下按至腹前，掌心向下，指尖相对。调匀呼吸。（图 4-36）

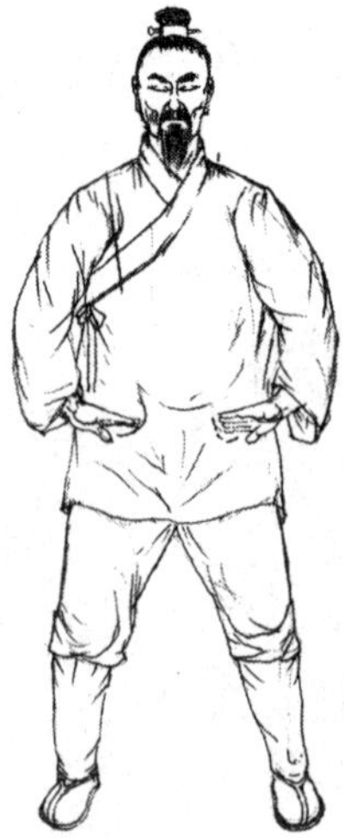

图4-36

要点

1. 下蹲马步要收髋敛臀，上体中正。

2. 摇转时，颈部与尾闾对拉伸长，好似两个轴在相对运转，速度应柔和缓慢，动作圆滑连贯。

3. 摇转时如果颈部不要僵直，尾闾摇动要圆滑，幅度不宜过小，上体侧倾与向下俯身时，下颏不要有意内收或上仰，颈部肌肉尽量放松伸长；再则加大尾闾摆动幅度，应上体左倾尾闾右摆，上体前俯尾闾向后画圆，头不低于水平，使尾闾与颈部对拉拔长，加大旋转幅度。

4. 年老或体弱者要注意动作幅度，不可强求。

功用

心火，即心热火旺的病症，属阳热内盛的病机。通过两腿下蹲，摇摆尾闾，可刺激脊柱、督脉等，通过摇头，可刺激大椎穴，从而达到疏经泄热的作用，有助于去除心火。在摇头摆尾过程中，脊柱腰段、颈段大幅度侧屈、换转及回旋，可使整个脊柱的头颈段、腰腹及臀、股部肌肉群参与收缩，既可增加颈、腰、髋部关节的灵活性，也可增加这些部位的肌力。

第六段　躬身作揖拜玄山

歌　诀

两足横开一步宽，两手平扶小腹前。

举臂按至胸际前，绕腋下行扶腰间。

势随气走定深浅，躬身作揖拜玄山。

手势引导勿用力，松腰收腹行数遍。

练法

1. 接上段结束势。两掌指尖转向前，并向前、向上举起。肘关节伸直时，掌心向前，掌指向上，二目平视。（图 4-37、图 4-38）

图4-37

图4-38

2. 两臂外旋，至掌心相对时屈肘。两掌再下按于胸前，掌心向下，指尖相对。（图 4-39）

3. 两臂外旋，两掌心向上，随之两掌指顺腋下向后穿移。（图 4-40）

图4-39

图4-40

4. 穿移至腰背时，两掌心按于后腰，大约肾俞穴部，虎口向下。（图 4-41、图 4-41 附）

图4-41

图4-41附背面图

5. 两掌心向内沿两侧向下摩运至臀部，随之上体前俯，两掌继续沿腿后向下摩运，经脚两侧置于脚面，掌指向前，掌心按于脚背之上，二目下注。（图4-42～图4-44）

图4-42背面图

图4-43侧面图

图4-44侧面图

6. 两掌沿地面前伸，随之用手臂带动上体起立，两臂伸直上举，掌心向前，二目变为平视。（图4-45、图4-46）

反复练习上述功法，次数自定。

图4-45侧面图

图4-46侧面图

7. 做完后，松腰沉髋，重心缓缓下降，两膝关节微屈，同时，两掌向前下按至腹前，掌心向下，指尖向前。调匀呼吸（图 4-47）

图4-47

要点

1. 反穿、摩运要适当用力，至足背时松腰沉肩，两膝挺直；向上起身时手臂主动上举，带动上体起立。

2. 两手向下摩运时要抬头，膝关节伸直不可弯曲；向上起身时要以臂带身，不可起身在前而举臂在后。

3. 年老或体弱者可根据身体状况自行调整动作幅度，不可强求。

功用

1. 通过前屈后伸可刺激脊柱、督脉及命门、阳关、委中等穴，有助于防治生殖泌尿系统方面的慢性病，达到固肾壮腰的作用。

2. 通过脊柱大幅度前屈后伸，可有效发展躯干前、后肌群的力量与伸展性，同时对腰部的肾、肾上腺、输尿管等器官有良好的牵拉、按摩作用，可以改善其机能。

第七段　公明伏虎紧攒拳

歌　诀

马步蹲裆眼睁圆，双拳束抱在腰间。

拳引内气随腰转，前打后拉劲法缓。

吸气收回呼气放，左右轮换眼看拳。

抱拳腹侧意气匀，收脚垂手守丹田。

练法

1. 接上段结束势。身体重心右移，左脚向左开步，两腿缓缓屈膝，蹲成马步桩，同时，两手握拳，抱于腰侧，拳心向里，拳眼向上，二目平视。（图4-48）

2. 左拳缓缓用力向前冲出，与肩同高，拳眼向上，瞪目怒视左拳。（图4-49）

3. 缓缓屈肘，回收左拳至腰侧，拳眼向上。（图 4-50）

4. 出左拳后收回。

图4-48

图4-49

图4-50

5. 左右拳反复练习。结束后，身体重心右移，左脚回收成并步站立，同时，两拳变掌，自然垂于体侧，二目平视前方。（图 4-51、图 4-52）

图4-51

图4-52

要点

1. 马步的高低可根据自己的腿部力量灵活掌握。

2. 冲拳时要怒目瞪眼，注视冲出之拳，同时脚趾抓地，拧腰顺肩，力达拳面。

3. 特别注意，冲拳时头向上顶，上体立直，肩部松沉，肘关节微屈，前臂贴肋前送，力达拳面，不可在冲拳时上体前俯，端肩掀肘。

功用

1. 中医认为，“肝主筋，开窍于目”。此势中的“瞪眼怒目”可刺激肝经，使肝血充盈，有强健筋骨的作用。

2. 两腿下蹲十趾抓地、双手攒拳、冲击、屈肘等动作，可刺激手、足三阴三阳十二经脉的俞穴和督脉等，同时，使全身肌肉、经脉受到牵张刺激，长期锻炼可使全身筋肉结实，气力增加。

第八段　逍遥颠抖赛神仙

歌　诀

两腿并步撤足尖，足尖撑地踵跟悬。

吸气上顶手下押，落足呼气一周天。

如此反复练几遍，全身气走回丹田。

全身放松做颠抖，百病难侵赛神仙。

练法

1. 接上段结束势。两脚跟缓缓提离地面，脚前掌作支撑，头上顶，二目平视。（图 4-53）

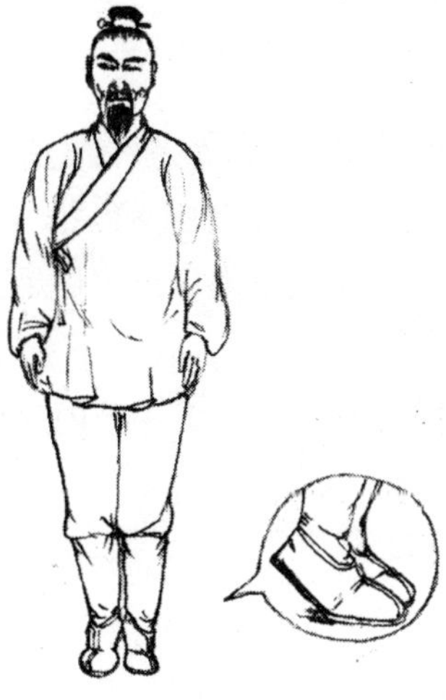

图4-53

2. 两脚跟下落，轻振地面。反复练习。（图 4-54）

图4-54

要点

1. 足跟上提时，脚趾要抓地，脚跟尽力抬起，两腿并拢，头顶上顶，略有停顿，要掌握好身体平衡。

2. 落跟时咬牙，轻振地面，动作不要过急，沉肩舒臂，周身放松。

功用

1. 颠足可刺激脊柱与督脉，使全身脏腑经络气血通畅，阴阳平衡。

2. 颠足而立可发展小腿后部肌群力量，拉长足底肌肉、韧带，提高人体的平衡能力。

3. 落地振动可轻度刺激下肢及脊柱各关节内外结构，并使全身肌肉得到放松复位，有助于解除肌肉紧张。

收功势

歌诀

体态安详身自然，均匀呼吸鼻内旋。

两手相叠小腹处，将气收归下丹田。

调息片刻口生津，鼓漱吞咽体康健。

练法

1. 两臂内旋向两侧摆起并上抬托举过头顶上方，掌心相对。（图 4-55、图 4-56）

图4-55

图4-56

2. 两掌翻转成掌心向下，沿体中线下按至小腹前相叠，置于丹田部位（男性左手在内，女性则反之），静静调息一会，然后两掌自然下落于腿外侧，二目平视前方。全功练完。（图 4-57、图 4-58）

图4-57

图4-58

要点

收功时要心平气静，举止稳重，收功后可适当做一些搓手、擦面、活动四肢等舒松动作。

功用

气息归元，放松肌筋，愉悦心情，巩固练功效果。

第五章　妙真小架八段锦

小架八段锦，来自武当妙真派，亦叫“奇门架八段锦”。顾名思义，此功架势小巧，变化细腻，动作简绝，练法独特，功效奇妙。

武当妙真派，又名“玄真派”，内家隐宗，追求道心合一、天人合一、仁道合一、艺道合一、以心契道、与道同化的妙真境界。

总　诀

双手抱球左右转，空拳轻捶后腰间。

左右顾盼摇昆仑，原地扭动蚕一般。

磕牙叩齿几十度，海底捞月扔上天。

发劲踢开拦路虎，浑元揉摩透三关。

预备势

歌　诀

立身正直须冥心，摒去纷扰息调静。

开步同肩膝微屈，然后依次如势行。

练法

1. 正身直立，两手臂自然垂于体侧，指尖向下，全身放松，二目垂帘，呼吸自然。（图 5-1）

2. 左脚分开，两脚与肩同宽，二目向前平视，深呼吸 3 次。（图 5-2）

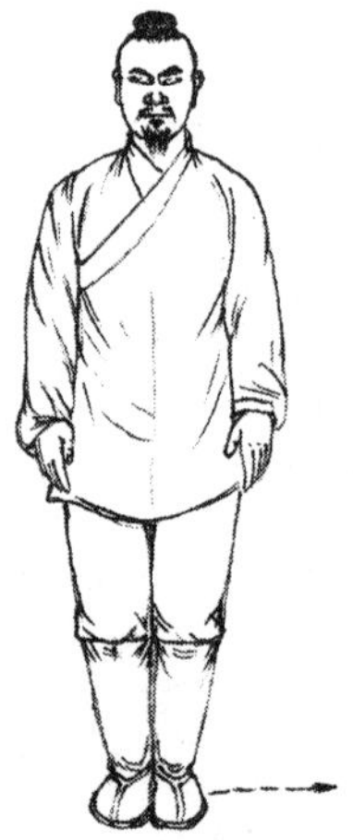

图5-1

图5-2

要点

1. 全身不能紧张，否则影响练功质量。心意专注练功，不能旁念其他。

2. 分脚要适度，动作要轻灵，以免发生摔倒、扭腰等情况。

第一段　双手抱球左右转

歌　诀

双手环拱在胸前，以腰为轴左右转。

行功动作缓缓行，气定息调神皆敛。

练法

1. 双脚不动，双手向胸前环抱而起，五指张开、微屈，指尖相对，虎口向上，两臂适度弯曲。此动叫“抱球势”，武当内家拳功多用之。（图 5-3）

2. 以双脚为轴心，上体缓向左转，转到一定程度时，二目尽量往左后看。（图 5-4、图 5-5）

图5-3

图5-4

图5-5

3. 上体缓缓右转，转到一定程度时，二目尽量向右后看。（图 5-6 ～图 5-8）

按上述动作，左右轮番练习几遍。

图5-6

图5-7

图5-8

4. 两手环臂抱球转到正面后，抬身立起，放下两手垂于体侧，自然呼吸，调匀气息。（图 5-9、图 5-10）

图5-9

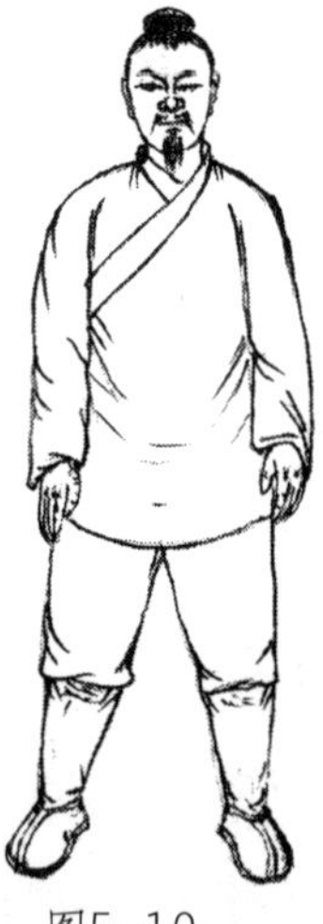
图5-10

要点

左右转时一定要转到身体能承受的最大限度，从头到脚所有关节都要随着动作一起运动。两臂环抱，始终不变。

功用

激活全身关节活力。

第二段　空拳轻捶后腰间

歌　诀

两手松握反臂抬，全身放松身微屈。

两拳轻轻捶腰门，舒中益气增元力。

练法

1. 两脚开立与肩同宽，两手臂自然垂于体侧，全身放松，宁神、调息。（图5-11）

2. 两膝略屈，重心下沉，小腹内收；双手握空心拳（即松握五指），肘臂向后上提起，拳心向上，虎口向后腰。接着，用两拳眼部位分别捶击后腰部（包括肾俞穴、腰骶部位）几十次（次数自定）。用力不宜过快、过猛，捶击部位有感觉即可，以防伤内。（图5-12）

图5-11

图5-12

3. 收势。外形与本段开始势相同。（图 5-13）

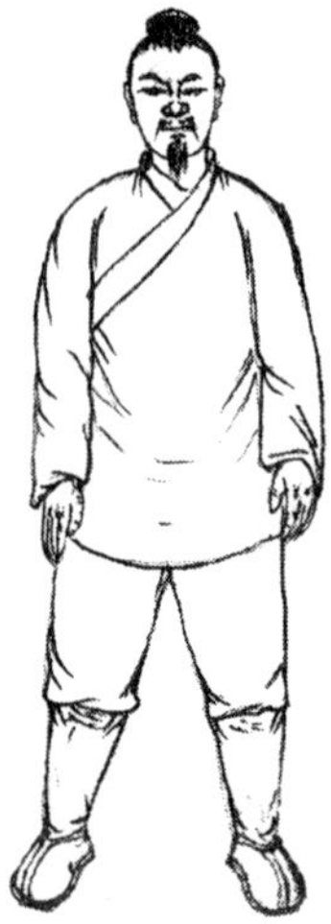

图5-13

要点

1. 两拳捶击时，力量要适当，以自己的感觉有一种舒适为好。

2. 所叩部位以肾俞穴为主。

功用

激发肾气，防治肾虚、腰膝酸软等症。

第三段　左右顾盼摇昆仑

歌　诀

两手叉腰正立身，转动颈椎左右边。

慢慢练习功效大，不要小看这几圈。

练法

1. 正身直立，两臂自然下垂，自然呼吸。（图 5-14）

2. 两掌叉腰，四指按腹前，拇指按后腰侧，以脖根为轴心，转动颈椎，先左转，后右转。动作是：用眼睛先看左脚尖，然后最大程度地往左、往下、往右、往后看，随着眼的动作，颈部不间断地转动。向左转几圈后，再以同样动作，往相反方向（右）转几圈。（图 5-15）

图5-14

图5-15

3. 放下双手，垂臂体侧，指尖向下，二目平视前方。（图 5-16）

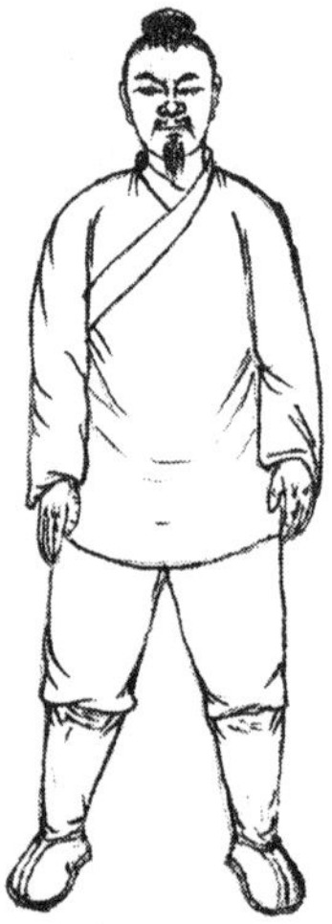

图5-16

要点

1. 初习者、眩晕者、高血压病、心脏病、行动不便者，不要闭眼，因闭眼会引起身体摇晃。

2. 转动幅度不要过大，速度不要过快，力度不要过猛。

功用

维护和激活颈椎功能。

第四段　原地扭动蚕一般

歌　诀

并步提跟几抖颠，抱住膝盖再旋转。

全身扭动学蚕蠕，轻松自如靠多练。

练法

1. 正身直立，两臂自然垂于体侧，宁神、调息。（图 5-17）

2. 左脚收拢，成并步而立，全身舒松。然后，提起足跟，继而下落，一起一落，反复颠抖几次。（图 5-18、图 5-19）

图5-17

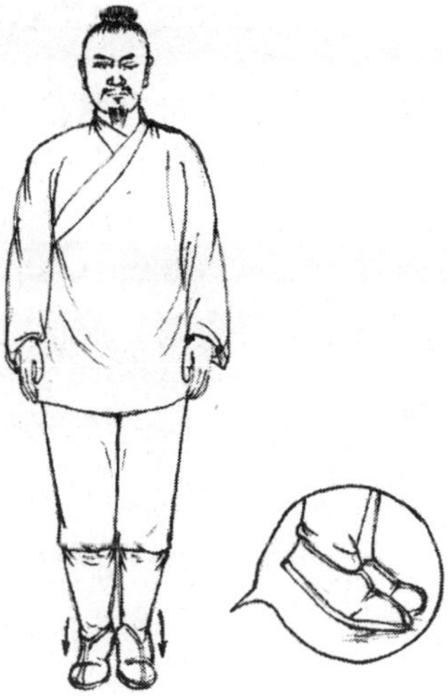

图5-18

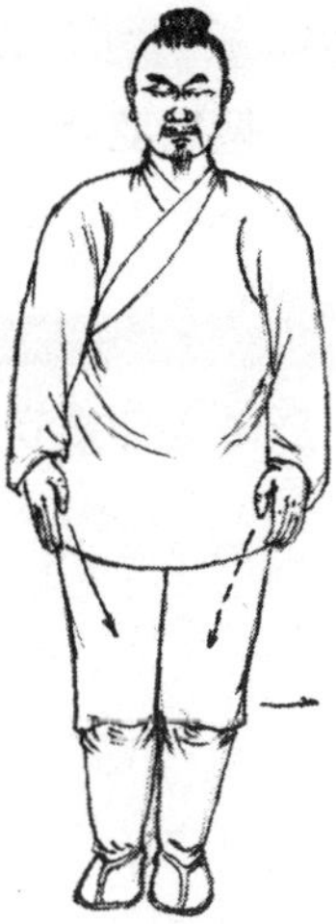

图5-19

3. 两掌下落、按抚于膝盖上，两膝弯曲，两膝相并，顺时针运转几周（次数自定）后，再逆时针运转几周。（图 5-20、图 5-21）

4. 直立，双脚原地不动，全身前后、左右自然扭动几分钟。

5. 扭动后，静立收势，调匀呼吸。（图 5-22）

时间自定，可多可少，以自感舒适为度。

图5-20

图5-21

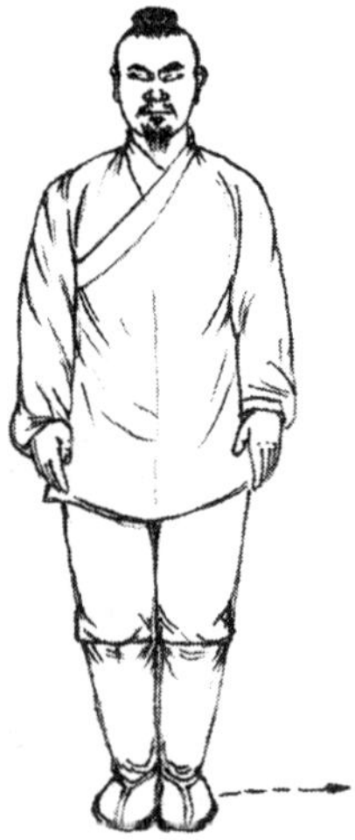

图5-22

要点

1. 做原地全身扭动要自然舒松，不能有僵滞和不协调。

2. 外形不必拘泥定势，可随心所欲。

功用

舒松全身关节，疏导经络，健体强身，愉悦精神。此段多练，令人轻松自如。

第五段　磕牙叩齿几十度

歌　诀

开步直立体放松，反手贴住后腰部。

调息聚气凝精神，叩齿作响几十度。

练法

1. 身正直立，左脚向左移步，双脚间距与肩同宽，两手反置于腰后，四指按住左右肾俞穴，拇指按住腰眼，虎口向下。（图 5-23、图 5-24）

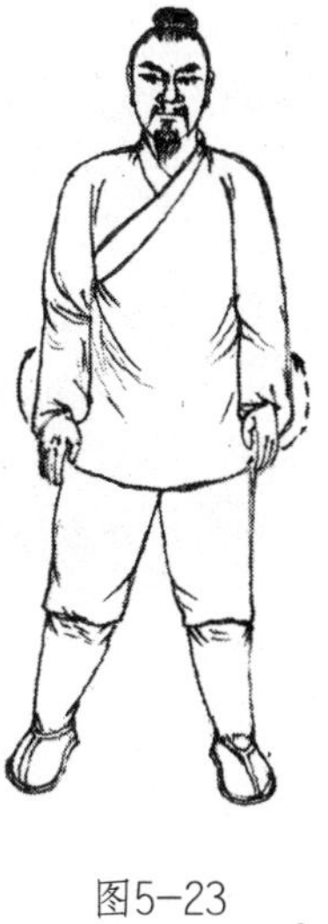

图5-23

图5-24

2. 静心调息，凝神定意。然后，磕牙叩齿几十下，要叩出响声。（图 5-25、图 5-26）

如有津液（口水），吞咽即可。

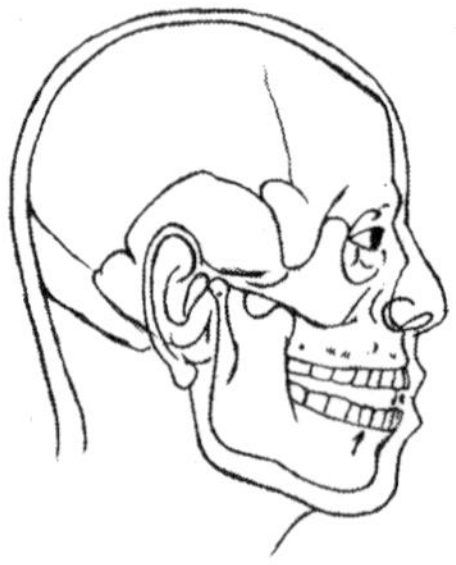

图5-25

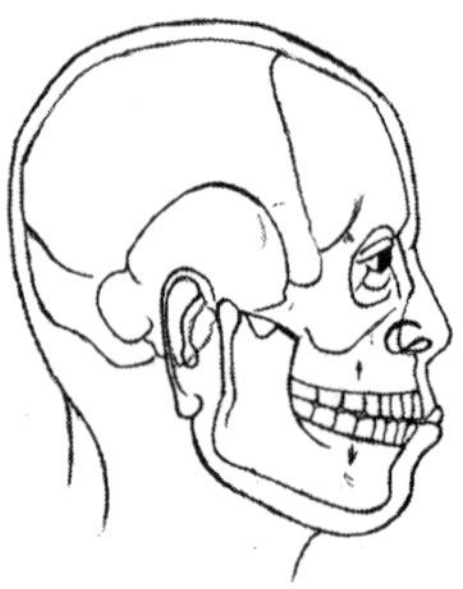

图5-26

要点

1. 叩齿时精神要集中。

2. 叩齿时嘴唇闭合；上牙与下牙虽磕碰有声，但力度要适当。

功用

主要能够激活和强化消化功能。

第六段　海底捞月扔上天

歌　诀

开步展臂继俯身，左臂平展右下伸。

捞至左脚往上抱，用力右甩天上辰。

练法

1. 身正直立，双脚分开，与肩同宽。（图 5-27）

2. 两手左右伸开，高与肩平，虎口向上，掌心向前。（图 5-28）

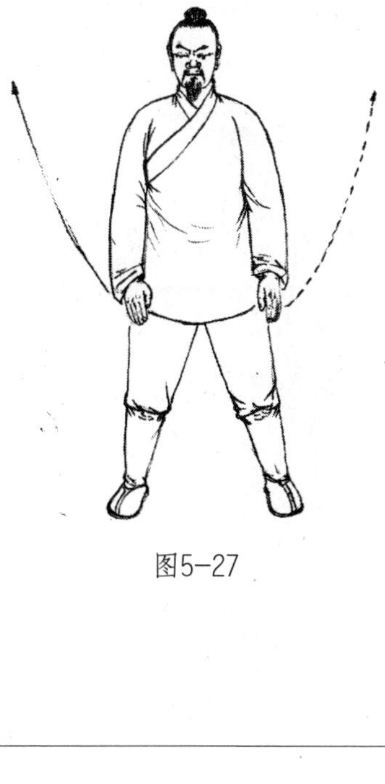

图5-27

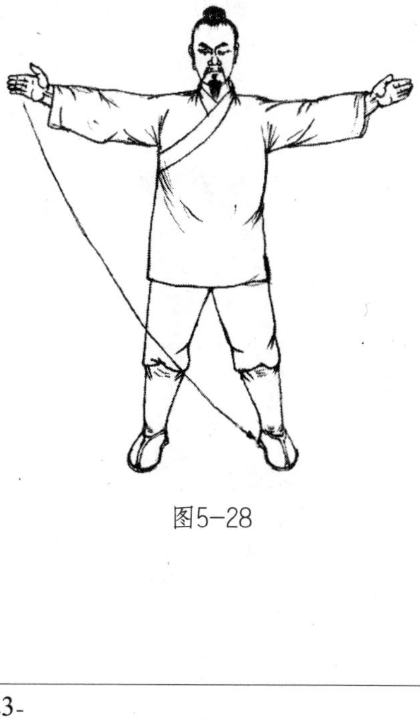

图5-28

3. 先俯身用右手向左脚尖处做捞取动作，顺势两手环抱起身，并用力甩向右上方：右臂伸举于右侧上方，右掌心向上，指尖向后；左掌屈臂于右腋前，虎口向下，掌心向前；仰面目视右手。（图 5-29 ～图 5-31）

图5-29

图5-30

4. 上体转正，左掌向上、向左侧展臂，与右臂同时伸臂下落成一字平肩，掌心向下。此时，即可做左手捞甩动作，与右手动作相同，唯方向相反。

5. 左右各捞甩若干次后，轻松放下双手，自然垂于体侧，指尖向下，二目平视前方，自然呼吸，调匀气息，收势。（图 5-32）

图5-31

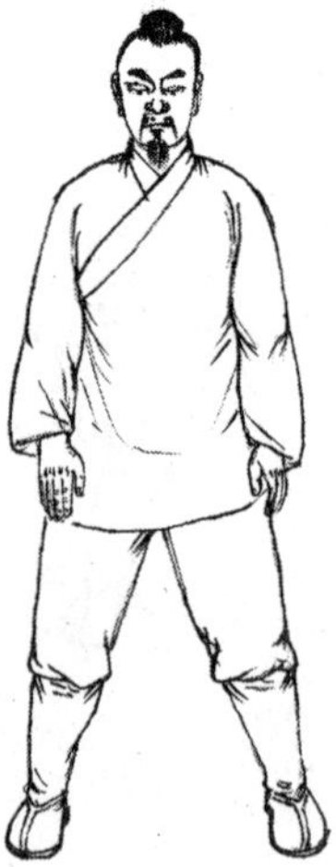

图5-32

要点

1. 做捞取动作时，两腿不能弯曲，尽量往下捞，以能摸到地为好。动作不宜太猛，以免失控，扭伤腰节。

2. 眩晕症、高血压病、心脏病、行动不便者等，要减轻动作幅度，以能自控不出危险为宜。

功用

激发和锻炼腰部和肋部功能。

第七段　发劲踢开拦路虎

歌　诀

抱住右膝左脚站，右脚前踢似放箭。

再行左脚势相同，弹踢次数量力全。

练法

1. 身正直立，双脚分开与肩同宽。（图 5-33）

2. 左脚站稳，右腿屈膝上抬，双手用力抱住膝部，然后，双手一松，右手扬臂，左手前伸，右腿伸膝突发性地猛然向前踢出（不能蹬），脚面绷直，力达脚尖。如同将一只虎从脚前踢开，目的是增加爆发力。（图 5-34、图 5-35）

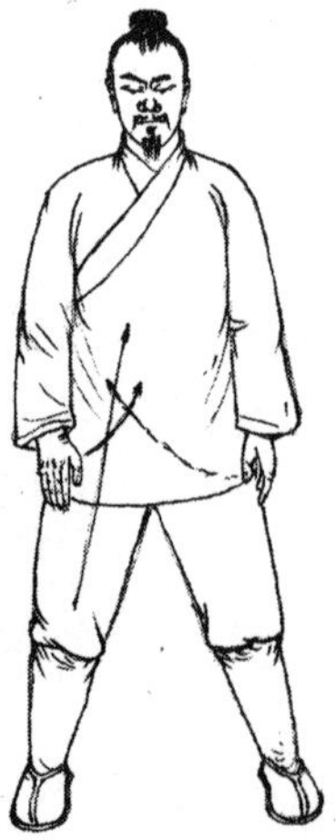

图5-33

图5-34

图5-35

3. 换左腿弹踢，与右腿踢法相同。

左右腿轮换各做若干次，次数自定。

4. 落步，两脚开距同肩宽，正身直立，两臂轻松下垂于体侧，指尖向下，二目平视前方，自然呼吸，调匀气息。（图 5-36）

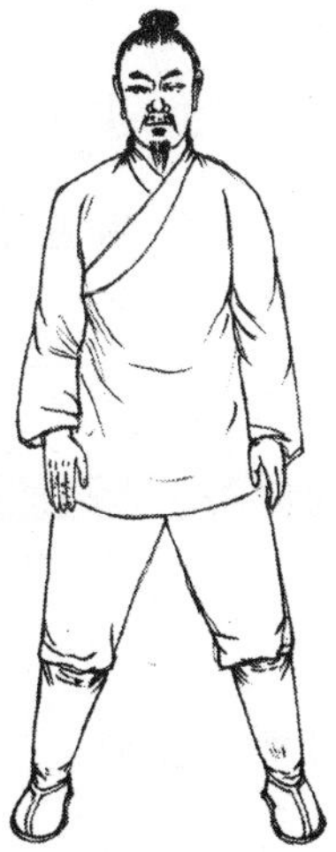

图5-36

要点

1. 支撑腿要稳，不可摇晃。

2. 此势重在武功与练劲，踢脚时要用力，要像拉弓放箭一般，将力量蓄满之脚弹射而出。

3. 初练者或身体虚弱者，踢脚力度要适当，以防伤及腿筋。

功用

激发腿及脚部肌肉功能。

第八段　浑元揉摩透三关

歌　诀

浑元揉摩内外通，热手干浴可养生。

从上到下慢慢行，通体血气活融融。

练法

1. 开步正身直立，两手臂轻松垂于体侧，二目平视前方，呼吸自然。（图5-37）

2. 抬起两手至胸前，掌心相贴，用力相互搓动，搓至两掌热极。（图5-38）

3. 用热掌从头部开始，揉摩耳朵、头发、鼻子、整个脸部、脖子前后左右、两肩、两臂、胸腹前后，直揉至脚尖。（图5-39～图5-41）

揉摩以后，全身内外温热，似有汗出，通体感觉畅快无比。

图5-37

图5-38

图5-39

图5-40

图5-41

4. 收势：左掌心按住右掌背，右掌心护住丹田，虎口向上，深呼吸几次后，调匀气息。（图 5-42）

收功后再散一会步，更有妙用。

图5-42

要点

1. 摩揉时，下掌用力要适当，以自我感觉有舒适而顺畅的滋味。

2. 除面部来回揉搓之外，其余部位均以揉摩而行，不可快速地来回搓，以防擦伤皮肤。

功用

疏通全身经络，活泼通体血气。

第六章　南派岳家八段锦

南派岳家八段锦源自南派岳家拳。岳家拳据说由宋代抗金名将岳飞所创，岳飞遇难后，其后人传入南方，称为南派。岳家拳本为北少林武功，而传入南方后有所变化，一是刚中济柔，二是增益内功，三是势架收敛，故有“少林岳门拳刚猛，南树一帜内家功”之说。

南派岳家八段锦，又名“南派岳家八段劲”。此八段锦注重内功，以内为主，内外兼修，外形配合心意与内气，追求“一劲浑元”。勤加练习，则气沉丹田，内劲充沛。效于养生，则脏腑康健，精力旺盛，百疾难侵。效于武功，则筋骨坚实，手脚强劲；如再加硬功，既能抵御外力击打，并且可以断石开砖。

总　诀

擎天立地元劲叫，挽弓追风射胡枭。

只手举起沥泉蛟，回马一枪退五劳。

怒目攒拳黄龙捣，正朝天阙强肾腰。

力挽狂澜赤诚保，纵马挥刀精忠效。

预备势

歌　诀

两足并步身直立，澄净心神自调息。

开步双膝微屈蹲，两手握固欲行持。

练法

1. 两脚并步，正身直立；两手轻松垂于体侧，二目自然平视前方，排除一切纷扰，静心调息。（图 6-1）

2. 左脚向左侧摆一步，脚尖向前，两脚平行，开距稍比肩宽，两膝微屈；上身及头颈自然挺直，两手握拳垂于体侧，肘微弯曲，拳眼向里，拳心向后。（图 6-2）

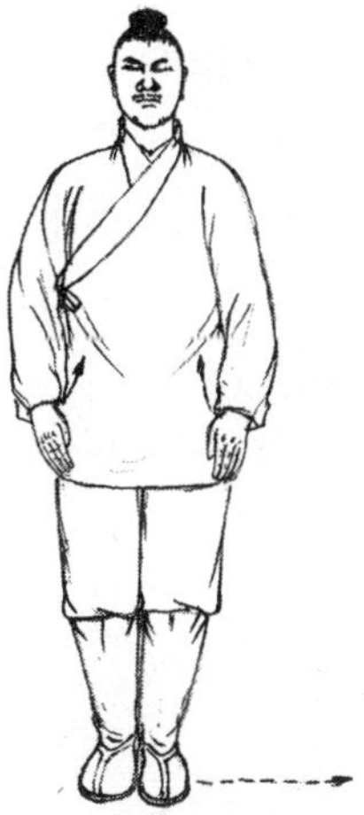

图6-1

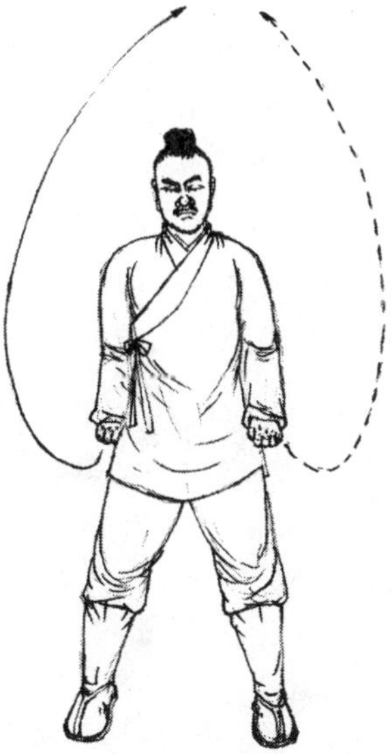

图6-2

要点

全身舒松，身体中正，目光内含，心平气和，呼吸自然。

功用

宁静心神，调整呼吸，内安五脏，端正身形，从精神和肢体上做好练功前的准备。

第一段 擎天立地元劲叫

歌 诀

举掌沿胸作鞠躬，膝挺俯身掌按足。

握拳提至胸前时，翻臂抽提过头颅。

坐马翻掌把天擎，收拳抱腰气呼出。

练法

1. 两拳变掌，掌心向上，掌指向外，经身体两侧向上伸举、里合，至正上方时掌心相对，掌指向上。（图 6-3）

2. 两掌下按，掌心向下，掌指向里。经面部至胸前时，上身随之前俯，两掌经胸前用尽全身之力向下按压，压至贴近两脚背，虎口向后，掌指相对，两臂成环形，目视地面。（图 6-4、图 6-5）

图6-3

图6-4

3. 两掌于脚背上方用力紧握变拳，并转腕使拳心向上。（图 6-6）

4. 上身徐徐起立，同时，两拳尽力向上抽提，停于腋前胸部，拳心向上，拳面向里，两肘与肩平，上身、头颈正直。（图 6-7）

5. 两手继续抽提，至头顶时拳心变为向上，拳眼相对；仰面抬头，二目上视两拳。（图 6-8）

图6-5

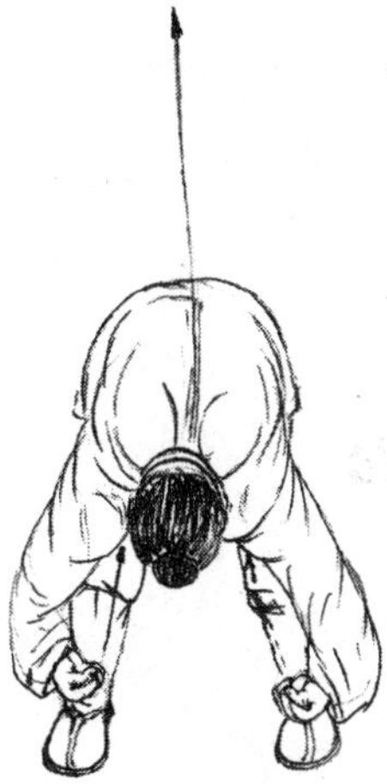
图6-6

图6-7

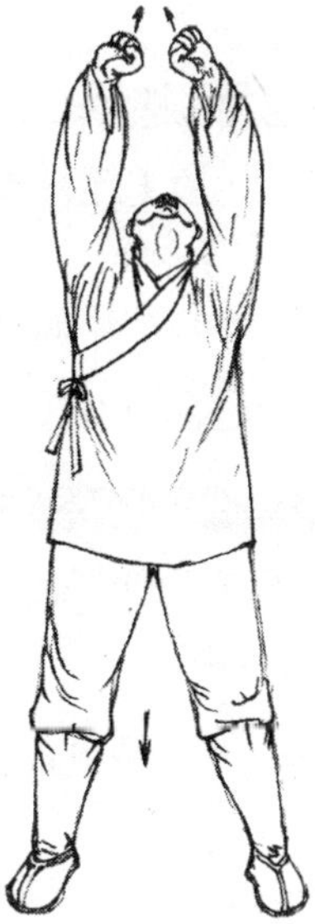
图6-8

6. 两拳伸指变掌，使掌心向上，掌指向里相对，两掌用力向上撑劲，目视两掌背，同时，两膝逐渐弯曲，上身下沉，臀部下坐使大腿与地面平行，膝盖正对脚尖，成低平正马步桩。动作到此成定形后，默数呼吸几十次（初练时可少些）。渐练渐增，次数自定。（图 6-9）

上述动作为一遍，反复练习几遍。

7. 两掌从左右下落，收拳抱于两腰间，拳心向上，拳面向前，同时，伸膝立身。然后调匀呼吸。（图 6-10）

图6-9

图6-10

要点

1. 两掌下压与上撑时要做到用尽全身之力，有“恨天无把，恨地无环”之意境，达到全身肌肉异常紧张与用力的程度。

2. 默数呼吸时，呼吸要自然。若体弱及慢性病患者练习，就用力小些，马步坐高些，以减轻运动量。

功用

1. 此段是全身伸展运动，可以调理和强壮胸腔、腹腔、盆腔内脏器官组织，亦即五脏六腑。

2. 伸展了全身肌肉、关节、筋骨、韧带、肌腱。对于常见的都市病，如肩、颈、背痛，腰酸膝软，四肢无力，手指关节不灵活，精神不振者，疗效尤其显著。

3. 有助于防治内脏器官下垂、脊椎退化、脊柱后凸、弯腰驼背、歪脖斜肩等症，最适宜肌肉发达程度差、体力较弱的青少年练习。

第二段　挽弓追风射胡枭

歌　诀

两拳交臂在胸前，蹲身坐马把手翻。

左手竖指往左推，右手扣指拉弓弦。

左右相同似射箭，扩胸展臂练几遍。

练法

1. 两脚而立，稍比肩宽，两手握拳抱于腰间，拳心向上，拳面向前，自然呼吸。（图 6-11）

2. 两拳用力平屈收抱，肘弯曲至胸前，拳心向里，拳眼向上，左拳在外，右拳在内，左腕内侧贴住右腕背，目视两拳间。（图 6-12）

图6-11

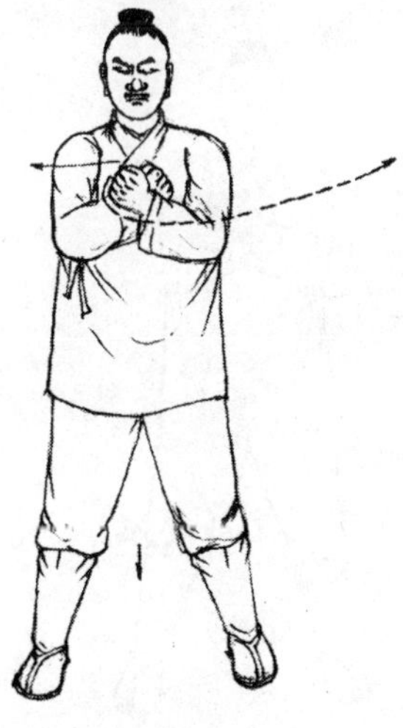

图6-12

3. 两膝弯曲，上身下坐，大腿与地面平行，膝对脚尖，成低平正马步桩，同时，双臂成左向拉弓射箭势：左拳伸食指成单指掌，食指尖向上，用力向左侧伸臂撑开，右肘抬起平肩，右拳成扣指向右拉停于右肩前，拳心向里。（图6-13）

动作至此定形后，左右手做暗劲抻拔，默数呼吸（次数自定）。

图6-13

4. 起身，两手向胸前合拢成拳，两腕胸前交叉，左拳在内，右拳在外，右腕内侧贴住左腕背，拳眼向上，目视两拳间。（图 6-14）

5. 双臂成右向拉弓射箭势。与左向拉弓射箭势相同，方向相反。

6. 按上述动作左右各做几遍后，上身立起，同时，两手成掌向胸前交叉上举，至头顶，左右分开，挽臂收于两腰间抱拳，拳心向上，二目平视前方。（图 6-15、图 6-16）

图6-14

图6-15

图6-16

要点

1. 整势动作的运行要缓慢而顺畅，两手的一撑一拉，意想张弓射箭时的力量，胸部自然扩张。

2. 竖指掌要力注掌心，扣指手以拇指按住食指尖节如“凤眼捶”状。

功用

1. 通过模拟弯弓搭箭，远射天上大雕的一连串动作，可以增强心肺功能，强壮胸肌，结实四肢肌肉。

2. 左右开弓时，眼睛、颈椎、胸椎、腰椎也随着左右旋转活动，心肺等内脏器官能得到运动和按摩。

3. 锻炼眼睛内的睫状肌，经常练习，防止近视、斜视，消除眼睛疲劳，增进视力，令人眼捷手快，反应敏捷。

4. 在坐马弯弓、搭箭射出的连续动作中，锻炼右脑与左脑的沟通及身体各部分的协调能力，起到发挥潜能、增强记忆、延缓大脑退化、稳固步履的作用。

第三段　只手举起沥泉蛟

歌　诀

右转弓步勾左拳，挺膝左掌按右边。

左转弓步掌托肩，上举下按目望天。

暗力抻拔默数息，继换右手仿左练。

练法

1. 两脚开立，比肩宽，两手握拳抱于腰间，拳心向上，拳面向前，自然呼吸。（图 6-17）

2. 紧握左拳经左大腿、小腿前面，向右上方用力以勾拳打出，拳心向里，拳面高与头平；右手随之变掌，掌心向外，掌指向上，屈肘把掌置于左腋下，同时，上身向右转成右弓步。（图 6-18）

图6-17

图6-18

3. 左拳变掌，向右脚尖前地面按下，掌指尖向右脚跟，同时，右膝伸直，上身前俯，臀部向上凸起。（图 6-19）

4. 上身缓缓左转，左膝屈蹲，右腿蹬直，成左弓步；同时，左掌自右脚侧向左绕过左膝，至腰侧时，翻掌托于左耳侧，虎口对耳，掌指尖向后；右掌掌心向下，停于右腰际；目视左前方。（图 6-20）

图6-19

图6-20

5. 左臂向上伸直，用力使左掌向上撑紧；右肘同时伸直，用力将右掌向下按压至裆前；目视左掌背。（图 6-21）

动作到此定形后，左右掌暗力做上托下按抻拔劲，默数呼吸，次数自定。上为右势。

6. 上体右转约 90 度，两手成拳收抱于腰际，两膝稍屈。（图 6-22）

图6-21

图6-22

7. 上体左转，右拳紧握经右大腿、小腿前面，向左上方用力以勾拳打出，拳心向里，拳面高与头平；左手随之变掌，掌心向外，屈肘把掌置于右腋下；同时，上身向左转成左弓步。此为左势开始。（图 6-23）

8. 即作左势，左势与右势相同，方向相反。

9. 上述动作为一遍，反复练习几遍后，即可里收两脚，立正上身，两拳也同时收抱于腰间，拳心向上。（图 6-24）

图6-23

图6-24

要点

1. 转身变弓步与勾拳应连续不断，勾拳的路线应从本侧膝下成弧线向另侧的前胫内侧过膝上勾。

2. 下按掌时，两膝必须挺直；托掌与下撑掌对拔抻劲。

功用

1. 锻炼整个消化系统各器官，保持人体正常消化、吸收、排泄等功能。经常练习，有助于防治肠胃疾病，调节胃酸等消化液的正常分泌，对于胃下垂、肠下垂、胃气、疝气、肠胃敏感、便秘、腹泻、痔疮的疗效十分显着。

2. 调节胰岛素的正常分泌，维持正常的糖代谢，保持血糖的正常水平。

3. 提高肝脏化解毒素的功能，加强胆囊扩张和收缩，冲刷胆道，畅通胆管，帮助顺利排泄胆汁，减少胆汁的淤积和胆石的形成。

第四段　回马一枪退五劳

歌　诀

两拳自腹上下分，左托右按至极限。

上体随之右旋身，扭头意如回马鞭。

展臂收拳势还原，继作左顾瞧后边。

练法

1. 两脚开立，比肩宽，两手握拳抱于腰间，拳心向上，拳面向前，自然呼吸。（图 6-25）

2. 两手用力向胸腹前屈肘收抱，拳心向里，拳眼向上，右拳在里，左拳在外；两膝略屈，成高马步桩。（图 6-26）

图6-25

图6-26

3. 两腿伸直，上身起立。同时，两拳变掌，右掌心向下，用力下压至腹前；左掌心向上，用力上托至胸前。（图6-27）

4. 两掌继续下压上托，使右掌下压至右大腿侧，指尖向前；左掌托举于头顶上方，掌心向上，掌指向右；仰面，目视左掌背。（图6-28）

图6-27

图6-28

5. 两手的上托下按至一定程度时，上身再向右尽量扭转，头也随之右后转，目视左足跟部；两腿伸直保持不变。动作至此定形不动，默数呼吸，次数自定。（图6-29）

6. 左臂向左侧下落、展臂，右臂向上抬起。同时，上体缓缓左转，至正面时两臂平肩，两掌心向上，头左转，注视左掌。（图6-30）

图6-29

图6-30

7. 两掌同时缓缓下落，收至腹前后，两掌变拳再用力向里屈肘收抱，拳心向里，拳眼向上，右拳在内，左拳在外；两膝略屈成高马步桩，目视两拳。（图 6-31）

8. 上述动作是左势，然后做右势，方向与左势相反。

9. 按上述动作反复练习几遍后，即可收势：将左右平伸之掌屈握成拳，落抱腰间，拳心向上；调匀呼吸。（图 6-32）

图6-31

图6-32

要点

1. 动作要连贯而顺畅，上体的转动完全以两臂的上托下压的抻拔劲推动。

2. 扭身转头，要适度用力；眼球也用力转动，如果感觉眼疲劳，可闭目调息一会再练。

功用

1. 这段功夫，既动又静，动静相兼，运动量逐渐加大而不气喘，筋骨逐渐增力而不自觉，循序渐进达到固本培元、外壮内强的目的。其中几节动作按中医理论及前人历来积累的经验，被认为对五劳七伤有防治作用。五劳七伤，泛指各种内外劳损、受伤。

2. 通过练习，有助增强和改善各系统器官生理功能。特别是改善大脑和中枢神经对脏腑气机及身体各部分的调节作用，松弛身心，自然可以消除疲劳，恢复体力，克服各种功能障碍，转弱为强。

第五段　怒目攒拳黄龙捣

歌　诀

直身两臂前抬平，攒拳屈臂平两肩。

两肘后收夹肋紧，拳置肋前马步钳。

怒目锻劲拳握紧，默数次数坚持练。

练法

1. 两脚开立，比肩宽；两手握拳抱于腰间，拳心向上，拳面向前；自然呼吸。（图 6-33）

2. 两拳成掌自腰间弧形向胸前平抬，掌心向下，掌指向前，两臂与肩同宽；二目平视。（图 6-34）

3. 双臂内旋，两掌随之抓紧成拳，拳心向下，屈臂置于胸前，两拳面相对，拳心向下，肘与肩平；目视前方。（图 6-35）

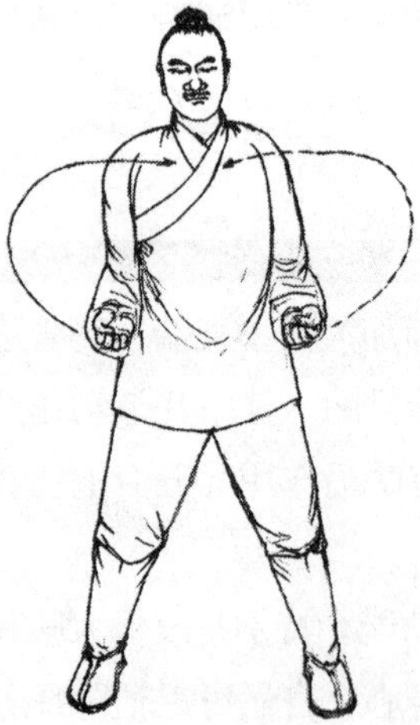

图6-33

图6-34

图6-35

4. 两臂外旋，同时用力向后拉，把两拳收抱至胸肋两旁，两拳紧握，拳心向上；脚趾用力抓地，上体下沉，屈膝蹲成马步桩；两眼怒目瞪圆，瞪视前方。（图 6-36）

这个动作定形时要做到两肘用力紧夹于胸肋旁，拳紧紧用力握固，即所谓“拉无可拉”“握无可握”“夹无可夹”的全身性高度紧张用力程度。然后默数呼吸，加劲若干次，次数自定。

5. 伸膝立身，下落两拳抱于腰间；舒松身体，调匀呼吸。（图 6-37）

图6-36

图6-37

要点

此势的“攒拳”，即越攒越紧的渐次加力之法，乃为秘传，不可小看，增劲功效非常显著。开始的动作要缓慢、柔和，一旦用力时，就只有越来越紧，不可放松，直至加力次数完毕，方可缓缓放松。

功用

这段功法，能刚能柔，可快可慢，具养生健体、增强技击能力等作用，要求手、眼、身、步，精神、气力、功的内外协调一致，动作刚而不僵，柔而不软，发挥以气助势、以气催力的作用，注重刚柔并济，内外兼修，形神具备。持久练习，可振奋精神、增强气力、增加自信、稳定情绪、反应敏捷，逐步养成遇强不怯、见恶不惧的胆识和临危不乱、气定神闲、从容处世的神态。

第六段　正朝天阙强肾腰

歌　诀

举臂仰身复下躬，膝挺两掌按地面。

旋掌握踵头昂起，左弓头转向后看。

继之回身仍握踵，再向右转行连环。

练法

1. 两脚开裆而立，开比肩宽；两手握拳抱于腰间，拳心向上，拳面向前；自然呼吸。（图 6-38）

2. 两拳变掌，掌心向上，经身体两侧向上平举。上举至头顶时，掌心相对，仰面，二目上观天空。（图 6-39）

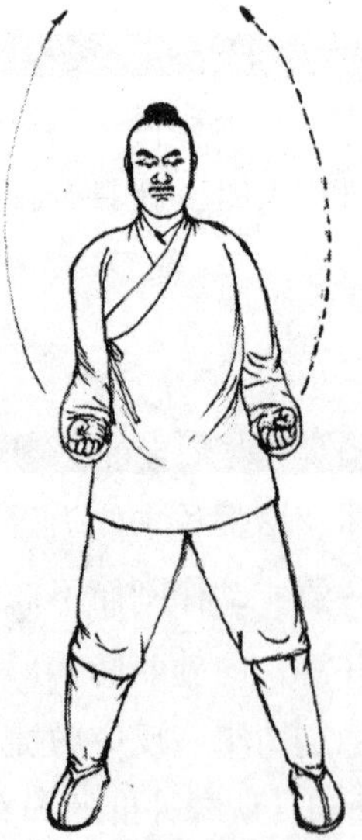
图6-38

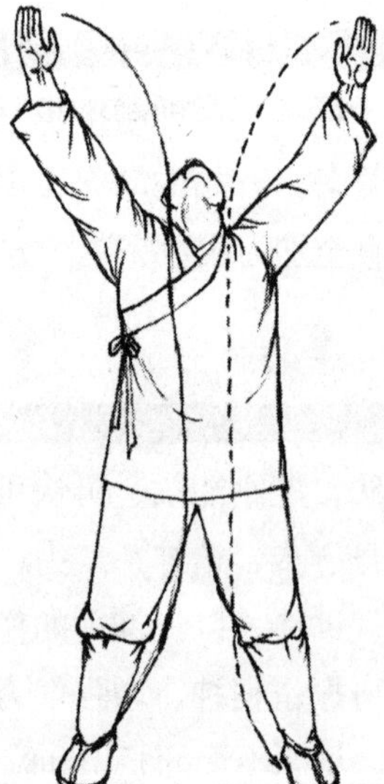
图6-39

3. 两掌掌心向下经面前、胸前用尽全身之力向下按压，压至贴近两脚背，虎口对脚踝；上身随之前俯，目视地面。（图 6-40）

4. 分开两手，握住两足后跟部，拇指握住踝外侧，其余四指握住踝内侧；头向前昂起，目视前方。（图 6-41）

图6-40

图6-41

5. 头用力向左后方拧转，目视左后方，同时，腰部与头部的方向相反，用力突然扭摆向右方；右手上移至右大腿根部。形成“摇头摆尾”的姿势。（图 6-42）

6. 回转，右手下移握住足踵，继行右转。右转与左转相同，方向相反。

7. 左右“摇头摆尾”反复练习数遍，即可收抱双拳于腰间，拳心向上，调匀呼吸。（图 6-43）

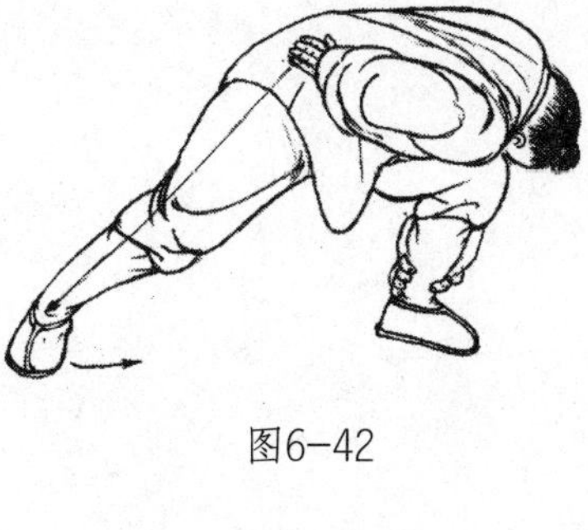

图6-42

图6-43

要点

躬身下抚掌时，即使两掌不能触及地面，两膝必须挺直，不可弯曲；昂头时，尾闾要尽量拔抻；转头时脊椎要有节节贯串之意。全势不可用拙力，以柔和、自然为要。

功用

1. 通过摇头、摆尾，先后旋转头部、颈部、胸椎和腰椎、尾椎、臀部，这种旋转让头部、整条脊柱、臀部、两膝、踝骨及全身肌肉韧带关节均得到舒适圆形的转动。随着转动，使颅腔和胸腔、腹腔、盆腔内的五脏六腑器官组织起到柔和的按摩作用，逐渐化解内脏器官的淤血和累积毒素。这种柔和、持续的导引、调和作用，可有效地消除身体各器官、各系统因功能障碍所表现的一些不协调的病态。

2. 通过锻炼，更能改善人体内脏器官的血液循环，增强其生理功能，起到“内功”作用。

第七段　力挽狂澜赤诚保

歌　诀

右足上前翘脚尖，俯身抱脚额前伸。

缓缓抬起与胸平，全身重心左腿镇。

松手展臂落右足，继行左脚一样跟。

练法

1. 两脚开立比肩宽；两手握拳抱腰间，拳心向上，拳面向前；自然呼吸。（图 6-44）

2. 右脚向正前方上一步，以足跟贴地，跷起脚尖，随之，上身前俯，左膝屈蹲；两手向前抱住右脚掌，左掌抱住右掌背，头部前伸，额贴脚尖。（图 6-45）

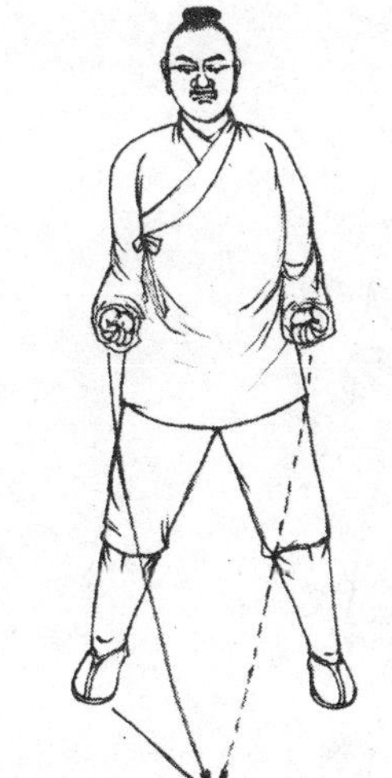

图6-44

图6-45

3. 重心移至左腿，上身起立，右腿上抬伸直，左膝也伸直，腰背挺直；两手握住右脚掌。站稳动作定形后，默数呼吸若干次。（图 6-46）

4. 两手松开，向左右展臂。（图 6-47）

图6-46

图6-47

5. 右脚缓缓下落，开立；两手收抱腰间握拳，即成本段开始势。接着练习左脚动作，方法与右脚相同，方向相反。

6. 按上述练法左右各做几遍，然后收势。（图 6-48）

图6-48

要点

若练功者因柔韧性差而两手难握住脚，或是站不稳，起初可将一腿放置在台椅或木架上。两腿伸直、腰挺直，两手尽量向脚掌部位攀触。

功用

1. 此段的锻炼，能促进肌肉、筋骨发育，改善脊柱弯曲变形、含胸弓背、斜身歪头等不良体态。

2. 提高生理机能，增进新陈代谢，固本培元，增添活力，对于各种器官组织或全身功能衰退、体弱、骨质疏松等症状，都能起到保健医疗和康复作用。

第八段　纵马挥刀精忠效

歌　诀

收拳抱腰马步蹲，两掌前插抬脚跟。

两臂挽拳猛立身，后翘脚尖落脚跟。

颠簸弹跳练起落，震荡疗养怡精神。

练法

1. 两脚开立比肩宽；两手握拳抱腰间，拳心向上，拳面向前；自然呼吸。（图 6-49）

2. 两肘后收握紧拳，两腿屈膝蹲成马步桩，目视前方。（图 6-50）

图6-49

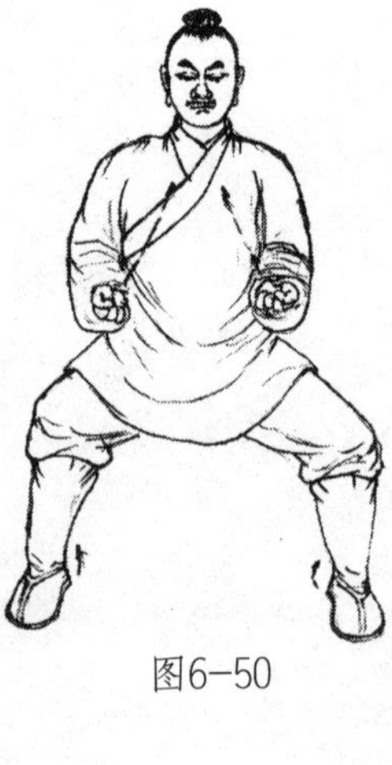

图6-50

3．两拳变掌用力向前方插出，掌心相对，掌指向前，相距与肩同宽，同时，两足跟提起离地，上身略前俯，两膝仍微屈，保持半蹲而足跟离地的马步桩。（图 6-51）

图6-51

4．上动作定形后稍停。然后，两掌握拳用力向后收抱，两臂外旋使拳心向上拉回胸肋两旁。随即，两脚掌突然向上跷起，然后落地，用力使足跟跺震地面，同时，膝部挺直，上身随之起立，但仍略向前俯，足跟站稳，使身体平衡成定形。（图 6-52）

以上各势连起来有节奏地做，两手前插后拉，足掌着地随即将足跟提起，然后向后跺震地面、足尖跷起，就这样形成“马上颠簸”的连续动作，反复练习几次后再接下势。

5. 先落脚尖再落两拳，即本段开始势。接着，两脚用力起跳，在空中两脚并拢；于身体腾空的同时，两拳变掌在空中向后反臂环绕一周。落地时并足，两掌抱拳腰际，二目平视前方。（图 6-53 ～图 6-55）

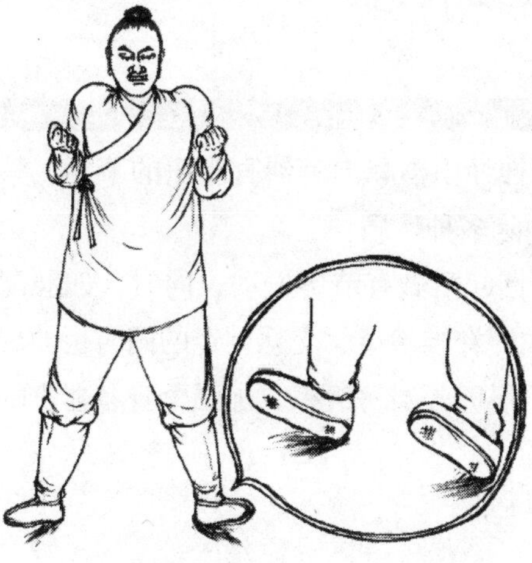
图6-52

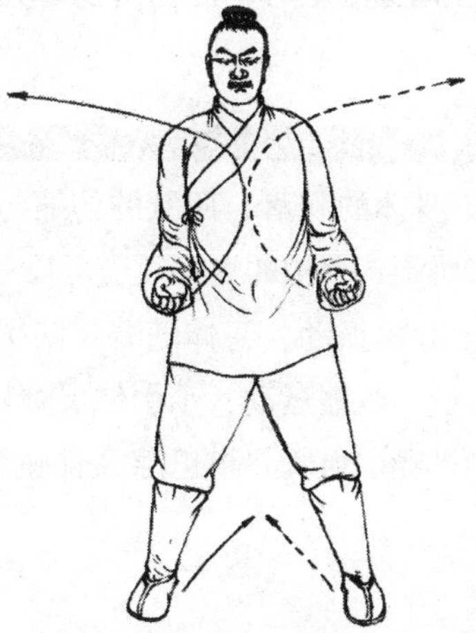
图6-53

6. 反复腾空几次后，两拳成掌自腰向胸上左右分开绕弧下落，自然垂于体侧；舒松身体，调匀呼吸。本功结束。（图 6-56）

图6-54

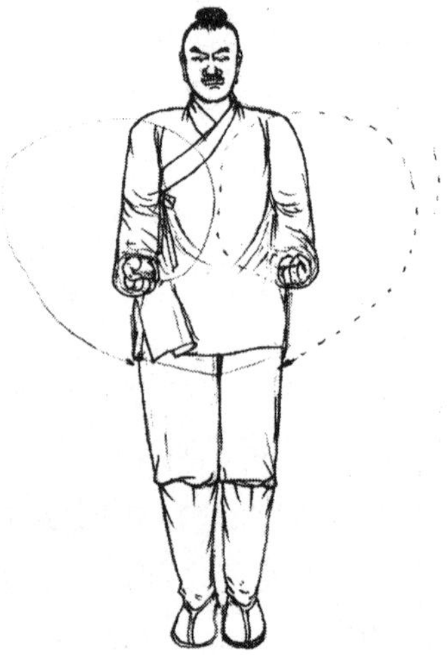

图6-55

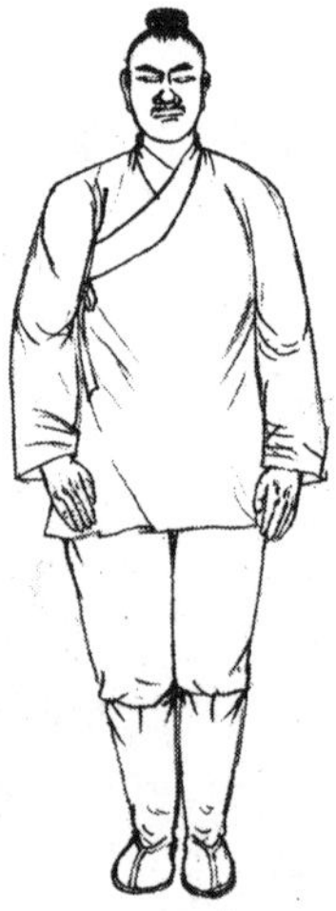

图6-56

要点

1. 做颠簸时，身体重心的平衡要把握好；特别是足跟落地，脚尖上跷时的臀部下坐力，以保持身体的重心平衡。

2. 腾身落地时，注意脚前掌先着地，继而脚跟跺地，使全身有振抖导引的作用。

功用

1. 身体的起落、四肢的伸缩与神经中枢和内脏器官组织的节奏、频率趋于和谐协调、合拍的良好效应可以消除多种疾病。

2. 起落振动，身体随着足跟缓慢起落做有节奏振动，同时，四肢配合做交替伸展、收缩运动；牵引伸展脊柱、脊椎神经、交感神经的同时也伸展活动全部的神经、血管、淋巴腺、脊髓、肌肉等器官组织，加强全身各器官的活动功能。

第七章　八仙正宗八段锦

八仙正宗八段锦，隶属武当名宗“八仙门”，其以八仙练形对应八段练法，功效全面，动作独特，妙趣横生，是不可多得之内家真传。武当全真龙门派宋学玉大师称誉 “八仙八段锦，锦上花浓艳”。今特意为读者荐之。

各段主要作用：国舅醒酒，活腰、展臂，热身、开功；洞宾探海，使身法灵巧；千斤坠底，增强腿力；湘子望月，灵活头颈，醒脑、去疲；采和献舞，顺气、畅体；仙姑吻莲，柔腿、活腰，利于技击踢腿；钟离怒目，坚实手力，增大拳劲，提高视力；果老骑驴，增益脚力，舒活全身，除滞、消疾。

总　诀

国舅醒酒懒伸腰，洞宾探海身法巧。

铁腿拐李千斤坠，湘子望月健首脑。

采和献舞气顺畅，仙姑吻莲柔功高。

钟离怒目打拳劲，果老骑驴百疾消。

武当真传八仙势，锦上花浓功夫妙。

第一段　国舅醒酒懒伸腰

歌　诀

腹前叉指上托天，吸气一口一转旋。

分掌拨云收腹前，六至九遍势还原。

练法

1. 正身直立，全身放松，头往上顶，舌尖轻舐上腭，双臂垂于体侧，双手指尖触于两大腿外侧并微屈，腹微收，膝微挺，二目平视。（图 7-1）

2. 左脚向左侧横跨一步，使两脚间的距离与肩同宽。（图 7-2）

图7-1

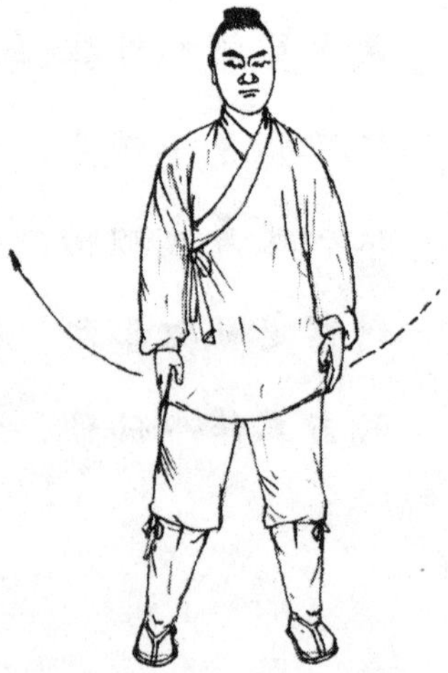

图7-2

3. 两膝微微屈蹲，同时，两手缓缓左右抬起，展臂至肋平时，两掌向前合抱，缓缓收至腹前；至腹前时，十指再相叉收至胸前，掌心向上。鼻一直均匀细长地吸气。（图 7-3 ～图 7-6）

图7-3

图7-4

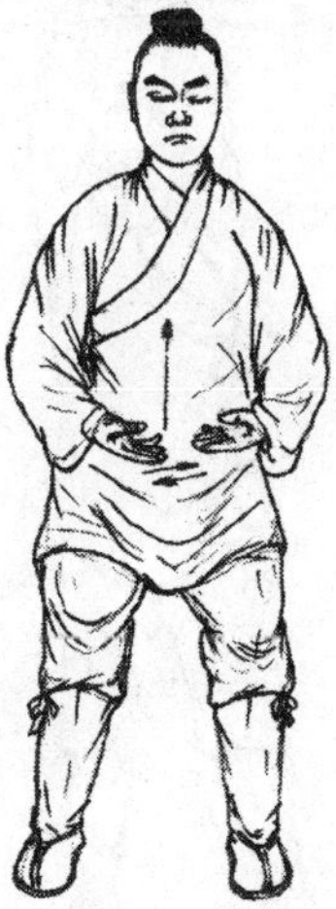
图7-5

图7-6

4. 闭息，双掌上翻经面部上托于头顶，掌心向上，仰面，眼观掌背；至两臂托举至尽时，正头颈，继续上举托抻劲，同时两足跟缓缓提起。（图7-7～图7-9）

图7-7

图7-8

图7-9

5. 呼气，落足跟，上体缓缓向左转至90度时，扭动3下，然后回身面向正前方。（图7-10、图7-11）

图7-10

图7-11

6. 松开十指，向左右分展、落下收至小腹前叉指，手心向上，同时身体重心下沉，两膝略屈。（图 7-12、图 7-13）

图7-12

图7-13

7. 继续重复上述动作，至举臂落跟后，上体向右转动，其他动作要领与左转动一样。收落时，两手不在腹前叉指，而是收落体侧，左脚收于右脚内侧成并步而立，放松身体，调匀呼吸。（图 7-14 ～图 7-21）

图7-14

图7-15

图7-16

图7-17

图7-18

图7-19

图7-20

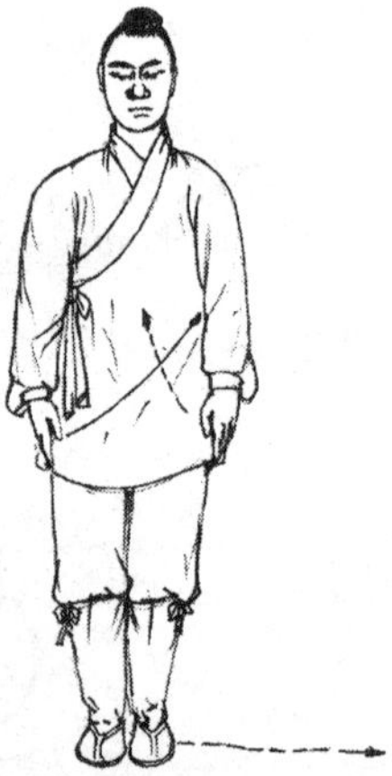

图7-21

要点

1. 两掌上托要舒胸展体，略有停顿，保持抻拉。

2. 两掌下落，松腰沉髋，沉肩坠肘，松腕舒指，上体中正。

功用

1. 通过两掌上托，缓慢用力，保持抻拉，可使三焦通畅、气血调和。

2. 通过拉长躯干与上肢各关节周围的肌肉、韧带及关节软组织，对防治肩部疾患、预防颈椎病等具有良好的作用。

第二段　洞宾探海身法巧

歌　诀

双手交叉在胸前，马步蹲裆要稳健。

左推右拉似射箭，探海平衡势还原。

练法

1. 接上势。左脚向左侧横跨一大步，两脚间距离约是自己的三足宽。同时，两手交臂于胸前，左手在外，右手在内，手心向里；两腿伸立成开步站立，吸气至满。（图 7-22、图 7-23）

图7-22

图7-23

2. 左掌竖食指，余四指屈于掌中成“单指掌”；右手拇、食二指相扣，余三指握掌中。随两膝缓缓下蹲成马步的同时，左掌向左侧推，右手屈肘后拉，使手停于右肩前，虎口向上，头左转，目视左手食指，两臂如拉弓射箭般用劲。（图 7-24）

3. 呼气，松体，右手成掌向右侧下落，重心落于右腿，左脚缓缓抬离地面，向右搁于右膝，同时，两掌左右上抬展，继向前合拢交叉臂于胸，左掌在外，右掌在里，指尖向上，左掌心向右，右掌心向左。（图 7-25 ～图 7-27）

图7-24

图7-25

图7-26

图7-27

4. 两掌缓缓落至小腹前时，两掌分收于腹侧成掌心向上，与此同时，左腿屈膝缓缓提起，收膝入怀，右脚趾抓地扣紧，支撑身体重心。（图 7-28）

5. 两臂左右分张之际，左脚向左侧缓缓伸腿至直；继向后，接着屈膝后伸，两掌向正前方直臂合拢交叉成“十字手”（右手在外，左手在内），交叉于胸前；上身前探，左脚屈举于右侧背上方。（图 7-29 ～图 7-31）

图7-28

图7-29

图7-30

图7-31

6. 随之，右手成“单指掌”向右侧斜上方推出，掌心向右，左手成“扣弦手”，以肘带臂拉至左肩前，虎口向上，手心对肩，头右转注视右手食指，两手如拉弓射箭，身体成探海平衡势。（图 7-32）

7. 左脚缓缓收落于左侧地面，脚尖点地，上体左转，两手伸直展臂，掌心向外，虎口向前，目视左侧方。（图 7-33）

图7-32

图7-33

8. 重心左移，屈膝微蹲之际，两掌缓缓收落于左右小腹侧，掌心向上，掌指相对，如抱掌状。（图 7-34）

9. 接下来即做右势，动作要领与上述动作一样，唯动作方向相反。

图7-34

要点

1. 支撑腿要掌握好平衡，上体不可摇晃，落步要稳健。

2. 侧拉之手五指要并拢屈紧，肩臂放平。

3. 八字掌侧撑需沉肩坠肘，屈腕、竖指，掌心含空。

4. 年老或体弱者可自行调整独立腿以及马步高度。

功用

1. 展肩扩胸，可刺激督脉和背部腧穴；同时，刺激手三阴三阳经等，可调节手太阴肺经等经脉之气。

2. 可有效发展下肢肌肉力量，提高平衡和协调能力；同时，增加前臂和手部肌肉的力量，提高手腕关节及指关节的灵活性。

3. 有利于矫正不良姿势，如驼背及肩内收，能很好地预防肩、颈疾病等。

第三段　铁腿拐李千斤坠

歌　诀

提膝举臂单足立，千斤坠落劲注底。

落步换臂再举起，上托下撑健胃脾。

练法

1. 接上。左掌自腹侧经体中线举于头顶上方，指尖向上，掌心向右，右臂横于胸前，右掌置于左肋下，指尖向下，掌心向左，同时，左腿缓缓屈膝提起。（图 7-35）

2. 左腿缓缓向前伸膝与腰平齐，脚尖上勾，右掌前伸，掌心向下，掌指向前，左掌翻转，掌心向上，虎口向前；继之，重心缓缓下沉，右膝屈蹲；至臀贴足跟时，即缓缓立身而起。（图 7-36 ～图 7-38）

图7-35

图7-36

图7-37

图7-38

3. 左脚内收至右膝，继向左侧落步，脚尖虚点地面，右膝微屈蹲，右掌向右侧平展，掌心向下，掌指向右，左掌不变，目视右掌。（图 7-39）

4. 右掌内收，经腹前向左肩上穿、转掌举于头顶上方，掌心向上，指尖向左，同时，左掌转腕下按，至左大腿外侧，两腿伸立，成开裆势。吸气助力，上托下撑，用暗劲 6 ～ 9 次。（图 7-40、图 7-41）

图7-39

图7-40

5. 上体微微下沉，两膝略屈，右掌向右侧收落于右腹侧，左掌上收于左腹侧，两手掌心向上成抱托势，调匀呼吸。（图 7-42）

6. 接下来做右势，动作方法与上述相同，唯方向相反。

图7-41

图7-42

要点

1. 单腿下蹲要稳，动作缓缓而行，前伸腿要抬平，身体不可摇晃。

2. 上托下按掌时，力点在掌根；上撑下按，舒胸展体，拔长腰脊。

功用

1. 强壮腿部力量，预防下肢衰老，疏通足三阴三阳经脉。

2. 通过左右上肢一松一紧的上下对拉（静力牵张），可以牵拉腹腔，对脾胃中焦肝胆起到按摩作用；同时，可以刺激位于腹、胸胁部相关经络以及背部腧穴等，达到调理脾胃（肝胆）和脏腑经络的作用。

3. 可使脊柱内各椎骨间的小关节及小肌肉得到锻炼，从而增强脊柱的灵活性和稳定性，有利于预防和治疗肩、颈疾病等。

第四段　湘子望月健首脑

歌　诀

侧伸一臂回抱脑，扳动头部往后瞧。

左右轮转六七遭，预防七伤去五劳。

练法

1. 接上势。两膝缓缓起立，同时，右掌叉腰，拇指在后，四指在前，虎口向上，左掌向左侧方抬起与肩平，掌心向上，指尖向左，头左转，目视左掌。（图 7-43）

2. 左掌收抱于后脑，缓缓用力扳动后脑，使头向右肩后侧转至一定程度，用力睁眼向右后侧轮睛瞧视。（图 7-44）

图7-43

图7-44

3. 松左手，向左侧伸臂，掌心向上，指尖向左，头左转，目视左掌。（图7-45）

4. 左掌下收叉于左腰，虎口向上，四指在前，拇指在后，同时，左脚向右脚垫步，右脚向右进一步，两脚间距离仍保持与肩同宽，右掌向右侧伸掌与肩平，掌心向上，指尖向右，头右转，目视右掌。（图 7-46）

5. 抱颈扭头，与左手练法相同。

6. 按上述动作左右各做 6 ～ 9 遍（或自定次数），即可收势。收右脚于左脚内侧成并步而立，收落右掌并放下左掌于体侧，调匀呼吸。（图 7-47）

图7-45

图7-46

图7-47

要点

1. 头向上顶，肩向下沉。

2. 转头不转体，旋颈，两肩不动。

功用

1. 动作中往后瞧的转头动作，可刺激颈部大椎穴，达到防治“五劳七伤”的目的。

2. 可增加颈部及肩关节周围参与运动肌群的收缩力，增加颈部运动幅度，活动眼肌，预防眼肌疲劳以及肩、颈与背部等疾患；同时，改善颈部及脑部血液循环，有助于解除中枢神经系统疲劳。

第五段　采和献舞气顺畅

歌诀

开步蹲裆马步练，双掌扶于膝上边。

头左臂右摇身转，气不可浮意要专。

练法

1. 接上势。左脚向左移步，脚距与肩同宽，两膝弯曲成马步，同时两掌里合，掌心向上，虎口向前。然后，右脚向右侧移动半步，上体重心右移，同时，两掌上抬至下颌前，继上翻举至额前上方，掌心向上，掌指相对，最后成开步直立。（图 7-48 ～图 7-50）

图7-48

图7-49

2. 两掌继向左右分开下落，同时，屈膝蹲成马步桩，两掌扶按于膝盖之上，二目平视。（图 7-51）

3. 调匀呼吸后，上体右转；转至一定程度再向右膝下低头俯腰；俯至一定程度再向前、向左侧经膝至左后侧上抬身，使上身回复正向。在转动头及上身时，臀部要随转动而灵活摇动，头右则臀左。（图 7-52 ～图 7-56）

图7-50

图7-51

图7-52

图7-53

图7-54

图7-55

4. 接下来做顺时针方向转动，方法与上述动作相同，唯方向相反。

5. 按上述动作左右各转动 6 ～ 9 遍后，即可收势。身体重心左移，两掌掌心向上左右抬起，至平肩时右脚内收半步，使两脚间距离与肩同宽。接着，两掌上合于头顶上方，继之下按于胸前，掌心向下，指尖相对，二目平视。（图 7-57 ～图 7-59）

图7-56

图7-57

图7-58

图7-59

要点

1. 马步下蹲要收髋敛臀，上体中正。

2. 摇转时，颈部与尾闾对拉伸长，好似两个轴在相对运转，速度应柔和缓慢，动作圆活连贯。

3. 年老或体弱者要注意动作幅度，不可强求。

功用

1. 通过两腿下蹲，摆动尾闾，可刺激脊柱、督脉等；通过摇头，可刺激大椎穴，从而达到疏经泻热的作用，有助于去除心火。

2. 在摇头摆尾过程中，脊柱腰段、颈段大幅度侧屈、环转及回旋，可使整个脊柱的头颈段、腰腹及臀、股部肌群参与收缩，既增加了颈、腰、髋的关节灵活性，也增强了这些部位的肌力。

第六段　仙姑吻莲柔功高

歌　诀

两掌沿腿至踵边，俯身起立掌举天。

伸足虚步吻脚尖，举腿收足势浑元。

练法

1. 接上。两掌沿腋下绕从后背、腰部、臀、大腿至足后跟，抱住，上身低俯，两膝挺直。（图 7-60、图 7-61）

图7-60

图7-61

2 两掌绕至脚背，继向前地面伸俯，指尖点地。随后，两掌直臂抬身而起，两臂向上举直，指尖向上，掌心向前。（图 7-62、图 7-63）

图7-62

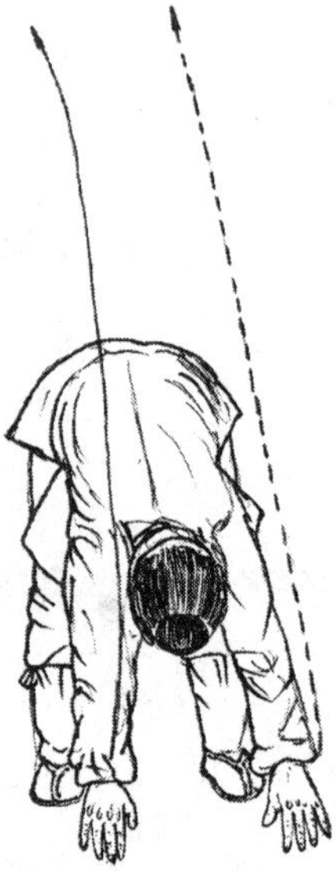

图7-63

3. 两掌左右展开，再向下收于腹侧，掌心向上，指尖相对，同时，身体重心下沉，两膝微屈蹲。（图 7-64、图 7-65）

图7-64

图7-65

4. 吸气，两掌缓缓抬至胸前，继绕至后背，按住肾俞穴部位，掌指向下。（图 7-66、图 7-67）

图7-66

图7-67

5. 左脚内收右脚内侧之际，向前半步成足跟点地，足尖跷起，同时，两掌即沿两腿侧移至左脚，低头俯身，两掌抱住左足掌，额头向前去接触左脚尖。（图 7-68、图 7-69）

此法叫“吻鞋”，是武术柔软功的一种。有此功夫者下巴可以触及脚尖。初练时先作此动作，接触不到不必过急，慢慢练习自可成功。歌诀中的“吻莲”即指吻鞋。

图7-68

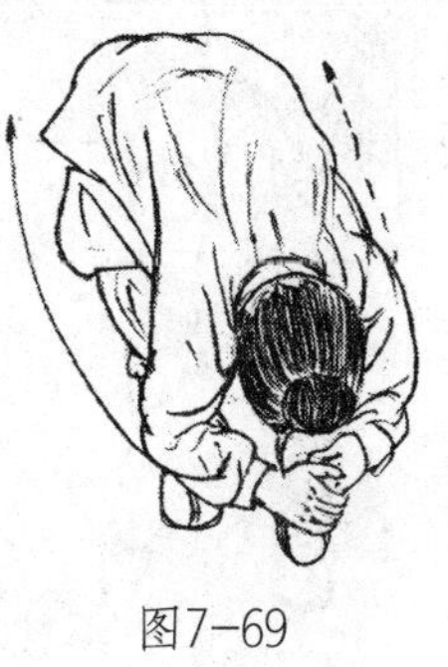

图7-69

6. 立起上身，两手松开左足，沿左大腿前侧上收至小腹前成抱球势。（图7-70）

7. 右膝伸立，左腿提膝收怀，接着将脚掌举起，与左肩同高（初练者自行确定高度），脚底向前上方，同时，两掌沿腹中线上划、左右分展与肩平，指尖向上，掌心向外。（图 7-71）

图7-70

图7-71

8. 左腿屈膝，左脚缓缓向左侧地面落下，两脚间距与肩同宽，两掌随之下落收至腹侧，掌心向上，两膝微屈，二目平视。（图 7-72、图 7-73）

9. 接下来即做右势，右势的动作与左势相同，唯方向相反。

图7-72

图7-73

要点

1. 反穿摩运适当用力，至脚背时松腰沉肩，两膝挺直，向上起身时手臂主动上举，带动上体立起。

2. 年老或体弱者可根据身体状况自行调整动作幅度，不可强求。

功用

1. 通过前屈后伸可刺激脊柱、督脉以及命门、阳关、委中等穴，有助于防治生殖泌尿系统方面的慢性病，达到固肾壮腰的作用。

2. 通过脊柱大幅度前屈后伸，可有效发展躯干前、后伸屈脊柱肌群的力量与伸展性，同时对腰部的肾、肾上腺、输尿管等器官有良好的牵拉、按摩作用，可以改善其功能，刺激其活动。

第七段　钟离怒目打拳劲

歌　诀

马步蹲裆眼睁圆，两拳束抱在腰间。

拳引内气随腰转，前冲后拉两臂旋。

练法

1. 接上势。左脚向左侧横跨一步，两脚间的距离约是自己的三足宽，两膝下蹲，同时，两掌握拳收抱于两腰际，拳眼向上，两肘后收，二目平视。（图7-74、图7-75）

图7-74

图7-75

2. 用鼻均匀细长地吸气至满，吞咽后，猛然吐气发声，同时，左拳向正前方冲出，拳高与肩平，拳眼向上，怒睁双眼瞪视前方。（图 7-76）

3. 接下来再出右拳，其方法与左拳相同。左右拳轮番出击 36 ～ 72 次。或自定次数量力而行，完成出拳后即可收势。

4. 收势时，收左脚于右脚内侧成并步而立，两拳松指成掌落于体侧，调匀呼吸，二目平视。（图 7-77、图 7-78）

图7-76

图7-77

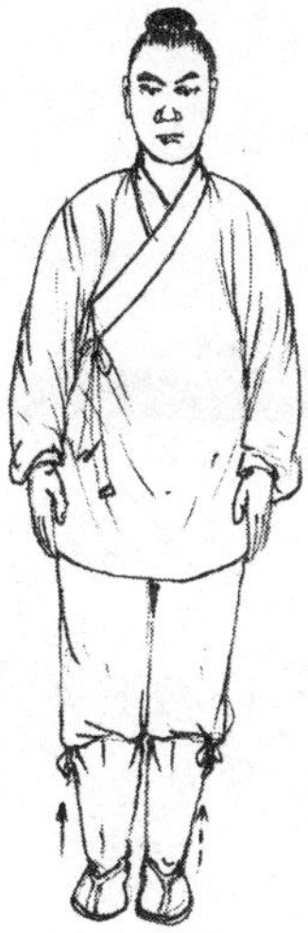

图7-78

要点

1. 马步的高低可根据自己的腿部力量灵活掌握。

2. 冲拳时要怒目瞪眼，注视冲出之拳，同时脚趾抓地，拧腰顺肩，力达拳面；拳回收时要旋腕，五指用力抓握。

功用

1. “怒目瞪眼”可刺激肝经，使肝血充盈，肝气疏泻，有强健经骨的作用。

2. 两腿下蹲十趾抓地、双手攒拳、旋腕、手指逐节强力抓握等动作，可刺激手、足三阴三阳十二经脉的腧穴和督脉等；同时，使全身肌肉、筋脉受到静力牵张刺激，长期锻炼可使全身筋肉结实，气力增加。

第八段　果老骑驴百疾消

歌　诀

两脚并立踮足尖，脚掌用力足跟悬。

足跟起落弹性颤，自然呼吸体泰然。

练法

1. 接上势。吸气，两足跟缓缓提起离开地面，两前脚掌支撑；闭息，以脚前掌为支点，脚跟一起一落带动全身抖动，一口气抖 7 下，练习 7 口气。（图 7-79）

2. 放下两足跟，舒松全身，调匀呼吸。全功收势。

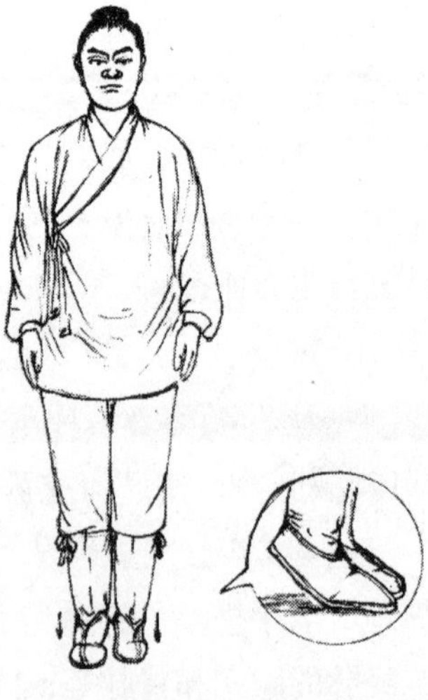

图7-79

要点

1. 上提时脚趾要抓地，脚跟尽力抬起，两腿并拢，百会穴上顶，略有停顿，要掌握好平衡。

2. 脚跟下落时，咬牙，轻震地面，动作不要过急。

3. 沉肩舒臂，周身放松。

功用

1. 脚趾为足三阴、足三阳经交会之处，脚十趾抓地，可刺激足部有关经脉，调节相应脏腑的功能；同时，颠足可刺激脊柱与督脉，使全身脏腑经络气血通畅，阴阳平衡。

2. 颠足而立可发展小腿后部肌群力量，拉长脚底肌肉、韧带，提高人体的平衡能力。

3. 落地震动可轻度刺激下肢及脊柱各关节内外结构，并使全身肌肉得到放松复位，有助于解除肌肉紧张。

第八章　道家丹床八段锦

道家丹床八段锦，源自道家内丹术，是武当山道观内秘传的一套修炼功夫，因其全是坐势，故称“丹床八段锦”。

此功内外兼修，动静结合，练法独特，功效奇妙：不但可以修心养性，防疾祛病，延年益寿，而且可以培元益气，搬运周天，增强内劲，为成就高层内家武功打好底功。

总　诀

冥心叩齿气归根，鸣响天鼓抱昆仑。

撼动天柱四六真，搅海漱津三口饮。

搓摩肾堂烧脐轮，单双辘轳绵练勤。

托按顶门脚舒伸，双手前拨攀足频。

气搬丹田周天运，丹床八段入仙门。

第一段　冥心叩齿气归根

歌　诀

丹床八段锦，身端体松沉。

冥心平稳坐，呼吸细长匀。

慧剑插真土，两目内凝神。

叩齿三十六，升降气归根。

练法

1. 练习此功前，须身心平稳、松沉，端坐。（图 8-1）

2. 双手握子午诀。

3. 心要冥定，神要内凝，然后开始调理呼吸。呼吸之气，做到深、细、长、匀，息息归根（丹田）为妙。待身心静定后，便可进行叩齿 36 次。

4. 再根据意念小周天的途径做深呼吸 3 次，口中津液吞下，气归丹元。

图8–1

要点

1. 身体平稳，正身端坐，立项竖脊，百会虚领。

2. 宁心静气，物我两忘。

3. 叩齿宜轻，略带咬劲，嘴唇轻闭。

功用

1. 冥心可以净化大脑，颐养身心，使气归一，启动气机。

2. 对心悸、失眠、头晕、乏力、神经衰弱等病症有一定的防治作用。

3. 叩齿可坚固牙齿，防治牙科疾病。

第二段　鸣响天鼓抱昆仑

歌　诀

片刻澄静后，双手抱昆仑。

左右鸣天鼓，二十四安神。

练法

1.3 次深呼吸毕，气归丹元后，两手抬至脑后，叉指抱住玉枕、脑户（即昆仑）、强间穴，虎口向下。（图 8-2、图 8-3）

图8-2

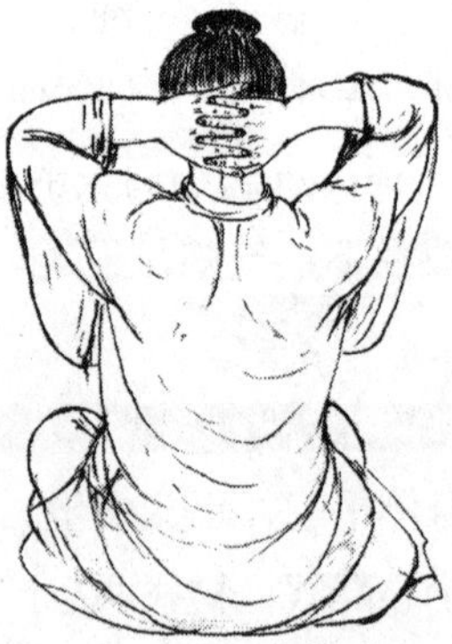

图8-3

2. 上身缓缓前俯，同时呼气，双手扣抱不变，向里合臂，向前、向下压伏；然后抬起，同时吸气，两臂展开，舒松双手。如此1起1伏为1次，练习12次。（图8-4）

3. 双手自然放回膝盖或两大腿上，掌心下贴膝盖，虎口向前，垂帘调息片刻。（图8-5）

图8-4

图8-5

4. 抬起双手，用两掌心按住两耳门，再用食指肚压在中指背上，做弹下扣击脑户24次。（图8-6）

最后放下双手恢复成起势。由于其击打声音如鼓，故名曰“左右鸣天鼓”。

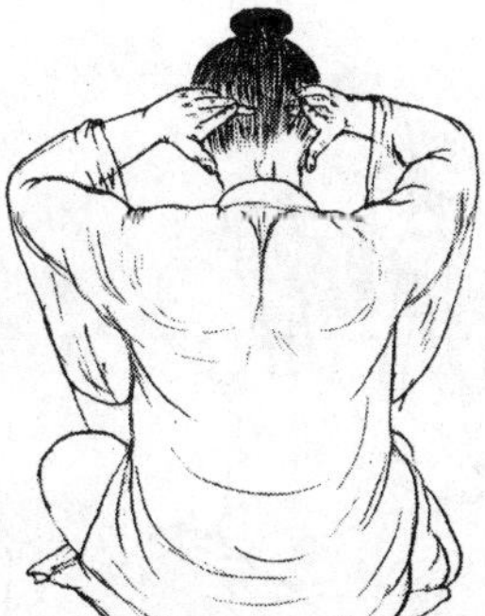

图8-6

要点

鼻呼鼻吸，鸣鼓食指要有弹力。

功用

鸣天鼓可以醒脑集神，聪耳明目。

第三段　撼动天柱四六真

歌　诀

起落又复至，双手抱脑门。

微摆撼天柱，二十四度真。

练　法

1. 调匀呼吸，身定心宁后，抬起双手，抱住脑门。（图 8-7）

2. 以颈部为轴，头部缓缓向左转；左转到一定程度时，继回转向右；右转到一定程度再回转；二目随动。如此反复，左右各练习 24 次。（图 8-8、图 8-9）

图8-7

图8-8

图8-9

要点

转头时，上体不动，竖项；左右转动，颈项不可松懈断劲。

功用

1. “天柱”，指整个颈椎。撼动天柱可刺激大椎穴，调节手足三阳经和督脉。

2. 通过左右转头、沉肩，可以锻炼脊柱，防治颈椎、肩、腰部位疾病。

第四段　搅海漱津三口饮

歌　诀

赤龙搅水津，神水满口匀。

漱津三十六，分作三口饮。

练法

1. 微摆撼天柱后，回到自然静坐的姿势，两手握固（拇指收屈于掌心，食、中、无名、小指扣握住拇指，卷曲于掌中成拳），置于小腹前，拳眼向上；两目垂帘，内视鼻准。（图8-10）

图8-10

2. 舌头在口内反复搅动，直至口内津液涌生；然后鼓动腮帮像漱口一样，将津液（口水）在口中漱转36次；接着将口中津液，分作3口吞咽入腹。（图8-11）

3. 两拳松握成掌，结子午诀抱于小腹前，舌顶上腭，调匀气息。（图8-12）

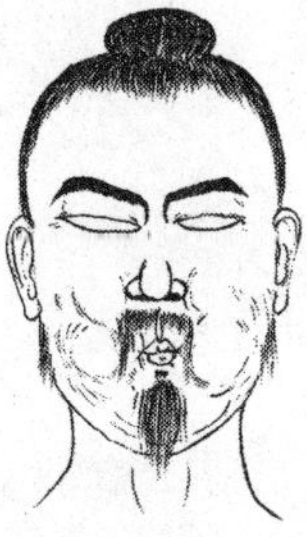

图8-11

图8-12

要点

1. 舌在口中搅动要圆活连贯。

2. 鼓漱时两腮要快速抖动。

3. 吞津要发出“汩汩”响声，意送丹田。

功用

1. 舌在口中搅动与鼓漱可以促进唾液分泌，唾液有杀菌、清洁口腔、防治牙龈炎和牙龈萎缩的作用。

2. 吞津可以调节全身气息，灌溉五脏，营养周身，有消食化瘀、解除疲劳、延缓衰老、增进健康的作用。

第五段　搓摩肾堂烧脐轮

歌　诀

搓手摩肾堂，三十六数行。

调息一口气，真火烧脐轮。

练法

1. 坐定之后，抬起两手于胸前，两掌心相贴，相互搓动至热极。（图 8-13）

图8-13

2. 两手向后收至腰后，用掌心按住左右肾堂（即肾俞穴），掌指斜向下，虎口向外，由内向外一齐搓摩转动，1 圈为 1 次，练习 36 次。（图 8-14）

3. 收手于小腹前结子午诀，身心松静，舌顶上腭，两目内视，呼吸自然，神气凝聚，平稳坐定后，根据意念小周天运行法，调理深呼吸，气归丹田，此谓"采药入炉"。采药入炉后，便会产生真阳真气，使丹田发热，此谓"真火烧脐轮"。（图 8-15）

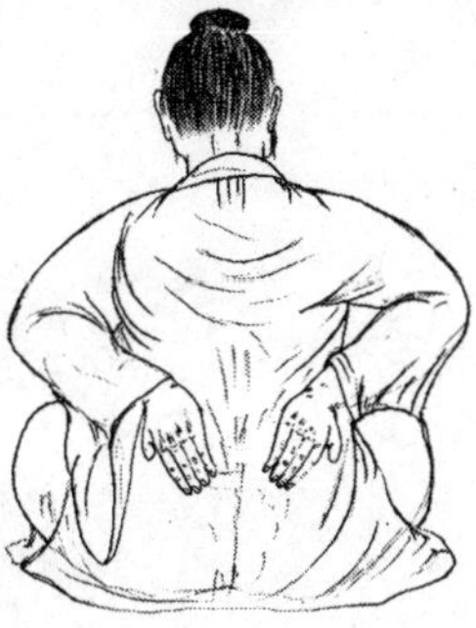

图8-14

图8-15

要点

1. 搓手时，闭气，两掌压紧，搓热。

2. 背摩时，五指并拢，掌心含空，上轻下重，速度适中。

3. 意想脐轮有温热感，用意要轻，采用顺腹式呼吸法，身体保持中正安舒。

功用

1. 摩擦肾腧穴与腰眼可温通经络，补肾益气，有防治腰痛、下肢无力、阳痿、痛经等效果。

2. 意守脐轮可养气安神、固本培元，有促进心肾相交、调节阴阳平衡的作用。

第六段　单双辘轳绵练勤

歌　诀

左右辘轳转，绵绵练之勤。

单双三十六，动静不离根。

练法

辘轳转，是将手臂像古时候架在水井上打水的辘轳一样转动。辘轳转又分单关辘轳和双关辘轳。但是，不管是单关辘轳还是双关辘轳，都要求内外结合，神气凝聚，动作柔绵，连环一气。

图8-16

1. 单关辘轳：右掌按住小腹，掌指向左，虎口向上；左掌收至左侧腰后，掌心按住肾俞穴部位，掌指向右，虎口向下；上身略前俯，以肩关节为轴，肘带动左臂作顺、逆画圆各 36 圈。（图 8-16 ～图 8-18）

图8-17

图8-18

2. 换练右臂，方法要领与左臂相同。（图 8-19、图 8-20）

图8-19

图8-20

3. 双关辘轳：左右掌均按于后腰肾俞穴，左右手臂同时由下、向上、向前、向下转动 36 次。转动时，一起一落与呼气吸气相应，动静不离其根。（图 8-21、图 8-22）

图8-21

图8-22

要点

1. 单摇：臂前送时，转腰、顺肩、坐腕；臂回拉时、屈肘、提腕。

2. 双摇：食指根节点揉肾腧穴，绕肩要圆活连贯。

功用

1. 可以刺激手三阴三阳经、督脉、膀胱经、背腧穴，调理相应脏腑，有畅通心肺、宜肾助阳的功效。

2. 可强壮腰肾，防治肩部与颈椎疾病。

第七段　托按顶门脚舒伸

歌　诀

叉手双虚托，翻掌按顶门。

三翻九按后，两脚放舒伸。

练法

1. 左掌心抱贴住右掌指背，虎口张开，两拇指尖相接，两掌心向上，抱于小腹前；调匀气息。（图 8-23）

2. 两手叉指，掌心向上，沿腹前上收；至胸前时，翻转掌向头顶上方托起，两掌心向上，仰面，目注掌背，略停片刻。（图 8-24 ～图 8-26）

图8-23

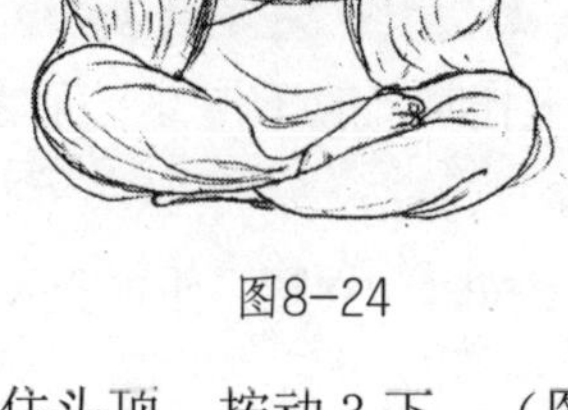

图8-24

3. 翻转掌心，向下按拍顶门，掌心按住头顶，按动 3 下。（图 8-27）

按上述动作反复托举、下按 3 遍。

4. 再将两手从面前缓缓沉下，松开手指，掌心向下放至两大腿上，十指按于大腿内侧，垂帘调息片刻。（图 8-28）

5. 将两腿向前平直，脚尖向上，腿膝舒伸，全身放松，调匀气息。（图 8-29）

图8-25

图8-26

图8-27

图8-28

图8-29

要点

1. 两掌上托时，躯干与臂要保持垂直，伸展腰臂，抻拉两胁，挺膝，脚面绷平。

2. 两掌下按时，立腰，头向上顶，挺膝，勾紧脚尖。

功用

1. 伸脚、勾脚可分别刺激足三阴三阳经，疏通经脉，促进气血运行。

2. 向上抻拉脊柱、两胁和肩颈部，可调理三焦，疏肝利胆，防治肩颈疾病。

第八段　双手前拨攀足频

歌　诀

双手向前拨，低头攀足频。

一十一次过，端坐再凝神。

周天搬运讫，百脉自调匀。

子前午后作，造化合乾坤。

邪魔不敢近，梦寐不能昏。

寒暑不能入，灾病不沾身。

练法

1. 两腿平直舒伸之后，双手向前伸，五指攀住两足趾，头部及上体前俯，面部贴近腿脚为妙。一伏一起，呼吸自然，向前攀拨11次。（图8-30、图8-31）

图8-30

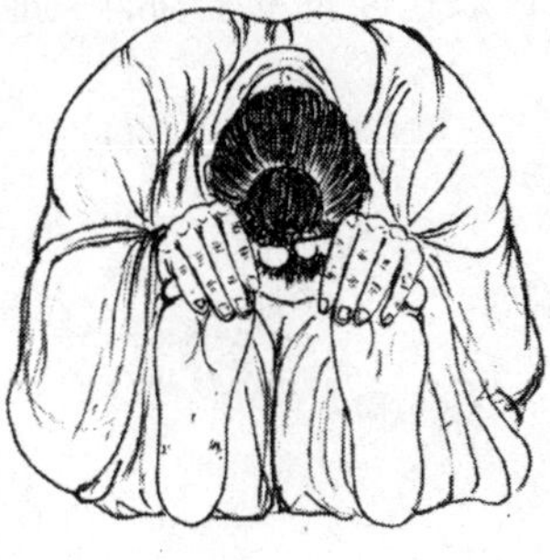

图8-31

2. 收两腿，自然盘坐，两手结子午诀，抱于小腹，做深呼吸 3 次，用意念小周天法。久久练习，真阳发动，周天畅通，百脉自然调匀，寒暑不入，百疾不侵。（图 8-32）

图8-32

要点

挺胸、塌腰、膝关节伸直，脚尖勾紧。抬头时，下颏主动向上用劲；下颏内收时，颈部向上伸展。

功用

1. 可刺激任脉、督脉、带脉等多条经络，可锻炼脊柱、颈椎和背部肌肉。

2. 锻炼腰脊刺激脊髓神经和植物神经，对治疗脑疾和开发大脑智力有一定效果；双腿伸直平坐勾脚尖能伸展马尾神经，可以缓解肌肉疼痛。